子どもの結婚式

親の心得と挨拶

岩下宣子 監修

日本文芸社

はじめに

この本をお手に取ってくださった方は、お子様のご結婚が近い方と存じます。

心からお祝い申し上げます。

はじめてお子様のご結婚を経験なさる方の中には、何をしたらよいのかと迷われる方もいらっしゃると思います。そのような方のために本書では、準備すること、挙式や披露宴の心構え、ふるまい、挨拶など、細やかに書いてあります。ご覧いただくことで安心して晴れの日をお迎えいただけることと存じます。

準備もマナーでございます。準備が万全であれば心の余裕となり、大切な節目の日をより楽しんでいただけることと思います。

皆様のお役に立つことを心から願い、この本をお読みくださった方々のお幸せとご繁栄を心から願っております。

お子様がお幸せな人生を歩かれますよう。

立春大吉

岩下宣子

しきたりを守りつつも自分たちらしい結婚式を挙げるのが現代のウエディングです

簡略化される中受け継がれるしきたりのあり方

婚約の儀式「結納」は、現代ではほとんど行われず、行う場合も「略式結納」が主流です。また、仲人や媒酌人を立てない披露宴、親族や友人を少人数招待する形などが増え、親世代からすると省略化しすぎに見えるかもしれません。

一方、結婚報告やお礼の仕方などのマナーは、いまでもしきたりが守られています。

会費制、少人数、海外…
親世代にはあまりなかった形式の
ウエディングも増えています

子どもの希望するウエディングとは？

せっかくの結婚式だから盛大に、今後を考えて式は控えめに……。
結婚するふたりの考え方に合わせて、ウエディングの提案も多種多様になってきています。

たとえば…

- 格安ウエディング
- フォトウエディング
- レストランウエディング
- 海外ウエディング
- 少人数ウエディング
- 会員制ウエディング など

親世代と現代の結婚はこんなに違います

親

「一緒に住むのは結婚式をしてからだろ！」

いまは

式の準備が進めやすい、家賃を節約できるなどの理由から、結婚式の前から一緒に住みはじめるカップルが増加中。

親

「お仲人さんを立てなくていいの？」

いまは

仲人・媒酌人は約9割が立てていません。披露宴でのふたりの紹介はビデオ、介添人役は式場スタッフが行います。

親

「結婚したら、女性は仕事を辞めるんじゃないの？」

いまは

結婚したら専業主婦という考えはもう古い。現代は女性も働く時代です。ふたりの意見を尊重してあげましょう。

親

「お嫁にもらうのだから、結納は当然するべきだ」

いまは

堅苦しい儀式は行わず、顔合わせ食事会を行う傾向。指輪などの記念品交換を取り入れるのが人気のスタイルです。

親

「挙式は神前式で白無垢を着るんじゃないの?」

いまは

キリスト教式、または人前式でウエディングドレスを着るのが、圧倒的に人気のスタイルです。

親

「結婚式は格式高い場所で挙げるべき!」

いまは

ホテルや結婚式場だけでなく、レストランやゲストハウスなどのカジュアルな場で行う式も人気です。

親

「キャンドルサービスはやらないの?」

いまは

演出方法も様がわり。シャボン玉を飛ばすバブルシャワーやシャンパンタワーなど、個性的な演出が好まれます。

親

「結婚費用の分担は新郎6割、新婦4割のはずだが?」

いまは

最近は費用を両家で折半する傾向に。どれくらい援助するのか、どう分担するのかなどは両家で話し合って決めます。

親

「引き出物には食器や赤飯、かつお節が定番だったわ」

いまは

招待客が好きなものを選べるギフトカタログにしたり、年代や性別で品物を分けたり、工夫が凝らされています。

結婚準備の流れと親の役割

	8〜7か月前	6〜4か月前
親が準備すること	・子どもの結婚相手を迎え入れてもてなす ・相手の両親と顔合わせし、婚約の形式について話し合う ・披露宴の日取りと会場決めをアドバイス	・結納を行う場合は準備をする ・結納または食事会などを行う ・子どもの衣装を選び、引き出物などをアドバイス ・親族の招待客を決める
子どもが準備すること	・両親に結婚の意思を報告 ・互いの両親を会わせる ・婚約の形式を決める ・日取り、会場を決める	・婚約指輪の購入、結納準備 ・結納または食事会などを行う ・招待客を選ぶ ・挙式や披露宴の内容を決定 ・新婚旅行の計画と準備をする

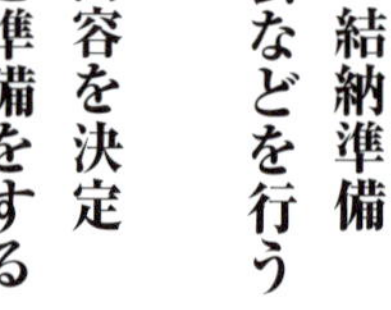

3〜1か月前

・披露宴の謝辞原稿を考える
・招待状の文面を確認する
・スピーチする人を確認する
・必要なら、新生活のアドバイスをする
・席札の親族の名前や肩書きを確認する
・交通費、宿泊先の手配

・招待客の決定
・披露宴の司会者を決定
・結婚指輪の購入
・新婚旅行の予約をする
・席次を決定
・受付などの係とスピーチを依頼
・席札、ウエルカムボードなどアイテムの準備
・招待状を発送
・披露宴の進行とプログラム決定

2週間〜前日

・謝辞の練習をする
・出席者の人数、席次、進行を確認
・お礼、お車代を渡す相手を確認
・遠方から招く親族の宿泊を確認
・結婚式当日に持っていくものを確認

・挙式や披露宴の演出を決定
・二次会の準備
・婚姻届、各種届出の準備
・式場との最終打ち合わせ
・衣装や小物の決定
・お礼とお車代の用意
・結婚式当日に持っていくものを確認
・衣装や小物が会場に届いたかを確認

挙式・披露宴当日

結婚式当日の流れと親の役割

全体の流れ	式場入り	挙式前	挙式
親がすること	・挙式開始1～2時間前に式場入り ・相手側の両親に挨拶 ・式場スタッフに挨拶し、心付けを渡す ・司会者やカメラマンなどに心付けを渡す	・控え室へ移動し、招待客をもてなす ・媒酌人に挨拶し、控え室へ案内する ・祝電を整理し、司会者へ渡す ・挙式のリハーサル	・挙式に参列する ・神職者や聖職者の指示に従う
新郎新婦がすること	・新婦は挙式開始の2～3時間前、新郎は2時間前に式場入り ・関係者へ挨拶する ・着付けをする	・控え室へ移動する ・媒酌人に挨拶する ・挙式のリハーサル	・挙式本番、結婚を宣誓する

挙式後	披露宴	披露宴後
・披露宴会場へ移動する （挙式前に行っていない場合） ・親族紹介を行う ・親族で記念写真を撮影	・会場入口で招待客を迎える ・スピーチの言葉に耳を傾ける ・各テーブルを回り、挨拶する ・両家代表の謝辞をする	・会場出口で招待客を見送る ・媒酌人へお礼の挨拶と謝礼を渡し、見送る ・会場の片付けをする ・御祝儀・御芳名帳を受け取る ・心付けの渡し忘れがないか確認 ・式場へ追加分の精算をし、式場を出る
・披露宴の準備 （挙式前に行っていない場合） ・親族で記念写真を撮影	・両親とともに招待客を迎える ・スピーチの言葉に耳を傾ける ・お色直しをする ・新婦の手紙、新郎の謝辞を行う	・会場出口で招待客を見送る ・媒酌人へお礼をして見送る ・着がえる ・忘れ物がないか確認 ・二次会会場へ向かう

結納・結婚式での親の服装

結納
（略式の場合）

父親

準礼装のディレクターズスーツかブラックスーツ。ネクタイはシルバーか、黒と白の縞模様、靴は黒革で。

母親

和装の場合は紋付色無地または訪問着を、洋装の場合は落ち着いた色のフォーマルワンピースやスーツを。

結婚式
（和装の場合）

父親

正礼服の場合は黒五つ紋付羽織袴を。準礼服の場合は黒紋付羽織袴（三つ紋か一つ紋）を。

母親

正礼服の場合は五つ紋の黒留袖か色留袖を。準礼服の場合は三つ紋の訪問着か色無地を着用します。

結婚式
（洋装の場合）

父親

昼の式はモーニングコートやディレクターズスーツ、夜の式はタキシードを着用。靴と靴下はともに黒。

母親

昼の式ならアフタヌーンドレス、夜の式ならイブニング・ドレスにします。明るめの色を。

		父親	母親
正礼服	昼	モーニングコート ディレクターズスーツ	アフタヌーン ドレス
	夜	タキシード	イブニング ドレス

結婚式
（父親と母親で違う組み合わせ）

最近の傾向

キリスト教式の挙式で父親がバージンロードを歩くケースが多いため、父親は洋装にすることが多くなりました。父と母で洋装と和装と別にするなら、格をそろえるようにしましょう。

父親

昼はモーニングコートやディレクターズスーツ、夜はタキシード。

母親

父親の正礼服に合わせ、五つ紋の黒留袖か色留袖を。

結婚披露宴での挨拶

披露宴を締めくくる親の挨拶「謝辞」

「謝辞」では何を話すの？

両家を代表して招待客の皆様に、夫婦になるふたりの支援をお願いします。子どもへの思いを話してもよいでしょう。

1. 集まってくれた招待客への感謝
2. 未熟なふたりをこれらからも支えて欲しいという支援のお願い
3. 招待客の健康とご多幸を祈る言葉

話すときのポイント

ポイント1　心をこめてはっきりと話す
ポイント2　だらだら話さず3分以内におさめる
ポイント3　会場の雰囲気に合った挨拶を

謝辞は誰が行うの?

新郎の父親が一般的ですが両家で話し合ってみましょう

基本的には新郎の父親が行います。しかし、絶対というわけではなく、状況によっては新郎の母親や新婦の父親、そのほかの親族が行う場合もあります。両家で話し合って決めてください。

優先順位は…

1. 新郎の父親
2. 新婦の父親
3. 新郎の母親
4. 新婦の母親

●こんな人が行うことも…

5
- 新郎のおじやおば
- 新郎の兄や姉
- 新郎の祖父や祖母
- 新婦のおじやおば
- 新婦の兄や姉
- そのほかの親族

謝辞のスタイルは?

ケース1 新郎の父親が読む

ケース2 父親に続き、新郎も読む

ケース3 新婦の父親もひと言

ケース4 両親以外の親族が読む

こんな場合は新郎の父親以外が読む

- 新郎の父親が亡くなっている
- 新郎の父親が病気で欠席
- 新郎の父親が参列しているが事情があってスピーチできない
- 話し上手な人がいる
- どうしても話したいことがある

覚えておきたい結婚準備 親の心得六か条

自由な結婚スタイルが流行していますが、子どもたちとって一番頼れるのはやはり両親です。現代の結婚観を理解し、しきたりやマナーを上手にアドバイスしてふたりの門出をサポートしてあげてください。

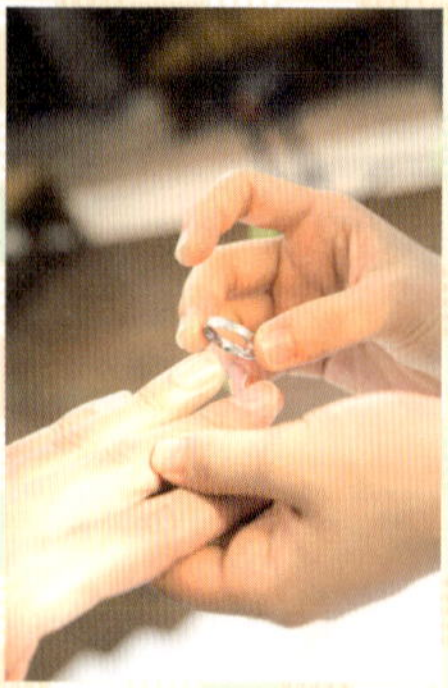

その一

子どもの考えを尊重し見落としがちなことについてサポートを

その二

親族関係への連絡・報告は責任をもつ

その三

押しつけではなく人生経験をいかしたアドバイスをする

その四

両家の親で協力し合い結婚の準備を進める

その五

披露宴では忙しい新郎新婦にかわって招待客をしっかりともてなす

その六

披露宴後は、見送りや精算まで気を抜かずにしっかり行う

子どもの結婚式
親の心得と挨拶
目次

第1章 結婚準備と親の関わり

第2章 結婚式当日の親のふるまい

第3章 親の挨拶 原稿作成と話し方

第4章 そのまま使える！ 開宴の挨拶と謝辞実例集

開宴の挨拶

❖新郎の父

謝辞

❖新郎の父

第1章

結婚準備と親の関わり

結婚準備 1

子どもの結婚相手に会う

結婚相手を紹介されるのは、親としてはいろいろな思いがあるでしょう。想像した人と違っていても感情的にならず、冷静に対応を。

親の関わり方

その一
和やかな雰囲気になるよう準備しておく

その二
しっかりと話を聞き、相手のよい面を見つける

いきなり反対するのではなく相手と打ち解ける努力を

親にとって一生懸命育てた子どもの結婚は大きな問題でしょう。

「結婚したい人がいる」と言われたら、あわてずにまずは深呼吸しましょう。どんな人なのか相手についてやさしくたずね、相手の年齢や職業など基本的なプロフィールを確認します。

日程を決めて実際に結婚相手に会うことになったら、和やかな雰囲気になるように努めてください。相手も緊張しているので、質問攻めにしたり、頭ごなしに反対したりして、ぴりぴりとした雰囲気にならないように、親のほうからも歩み寄るようにしましょう。

若さゆえに挨拶や言葉づかいがうまくできないかもしれません。ですが、作法よりも結婚についてどれほど真剣なのかを判断してあげましょう。

結婚相手を迎え入れるとき

迎える
笑顔で迎え、挨拶したら部屋に通し、お茶を出します。ジロジロ見たり、威圧的な態度をとったりしてはダメ。

歓談
改めて挨拶を交わし、相手がリラックスできるように会話します。ふたりのなれそめなどを聞くと場が和みます。

挨拶
相手から結婚の申し出があれば、あわてずに対応します。問題がない場合は「よろしくお願いします」と挨拶を。

見送り
無理に引き止めず、笑顔で見送ります。雰囲気を見て、食事に誘うかどうか決めます。

こんな話題を用意しておくと安心

① 天気・気候
② 子どもが幼い頃のエピソード
③ 趣味・特技
④ 最近のニュース

政治や宗教の話など相手が困る内容は避けます。学歴や給与の話も初対面ではよくありません。

和みやすい場所や雰囲気を選んでも！

カフェ
周囲が静かで話しやすい雰囲気
初対面は短時間ですませたい、自宅は抵抗があるという場合に適しています。話しやすい場所を選びます。

ホームパーティ
かしこまらずあたたかみある歓迎
「焼肉や鍋をするから」と、理由をつけて相手を誘うと、緊張が解けやすく、歓談もしやすいでしょう。

料　亭
おいしい料理と個室で会話がはずむ
初対面の記念として、食事でもてなすのもおすすめ。相手がお酒を飲めるなら、すすめてもよいでしょう。

こんな相手の対応はどうする？

自分の子どもが選んだ相手 驚いても冷静な対応を

　結婚相手に再婚などの事情がある、娘または結婚相手が妊娠をしているなんてことは、いまやよくある話です。といっても、驚きはあるでしょう。両親間で、どちらかがヒートアップしたら、どちらかが冷静に対応できるようにしたいものです。

　大切なのはふたりの結婚の意思が固まっているかどうかです。条件や外見には惑わされずに人柄を判断しましょう。ただし、不安があったら相手に質問しておきます。あとから子どもの意思を再度確認し、あたたかく見守ってあげましょう。

ケース1　相手が再婚

**晩婚化も進む中
バツイチは珍しくありません**

離婚した場合はその原因を、死別した場合は心残りがないかを確認しておくと安心でしょう。

ケース2　相手に子どもがいる

**孫ができることを
喜んであげましょう**

再婚であるうえに、子どもがいる場合は、親権や養育費問題がどのようになっているのかを念のため確認します。

ケース3　年の差がある

**10歳以上は
いまやあたり前です**

ふたりが納得しているようなら見守ります。老後のことなどについて、人生設計を立てているのか一応、確認を。

ケース4　ふたりが若すぎる

**結婚を決めた理由を
しっかり聞いてあげましょう**

10代の結婚には妊娠した場合が多いようです。そうでない場合は社会人として自立してからと、考え直させても。

結婚を決意したふたりに確認すること

- □ 新しい家庭を築いていくという意思があるのか
- □ ふたりが生活していく経済力はあるのか
- □ 相手の親の反応はどうか
- □ 結婚式のスタイルはどのように考えているのか
- □ 結婚後、住居はどこにするのか
- □ 結婚後の仕事について
- □ 家事の分担はどうするつもりか
- □ 結婚後、子どもはどうするかの人生設計

ケース7 婿養子を望まれている

**どうして望まれているのか
事前によく確認しましょう**

相手の家業など、どうして婿養子を望まれるのかたずねます。両家の顔合わせのときに直接聞いてもよいでしょう。

ケース8 経済力がない

**生活が安定してからの
結婚をすすめましょう**

仕事の状況を確認し、安定してから結婚式を挙げる、またはお金をかけない結婚式を行うなどを提案しましょう。

ケース5 女性が妊娠中

**授かり婚は
ダブルハッピーと喜んで**

順番を気にする親世代ですが、いまや４組に１組が授かり婚だといわれます。女性の体調を気づかいましょう。

ケース6 相手が外国人

**外見ではなく
相手の人柄を重視して**

どちらの国に住む予定なのか、文化の違いを理解しているかなどを確認しておきましょう。

結婚準備
2

両家の顔合わせ

子どもたちが互いの親から結婚を認められたら、次は親同士が挨拶します。この機会に結婚の形式や日取りを話し合ってもよいでしょう。

親の関わり方

その一
早い段階で挨拶し、親睦を深めておく

その二
結婚のスタイルについて時期や形式を話し合う

縁談の喜びを伝えて良好な関係を築きましょう

かつては「嫁にもらう」という考えから、男性側が女性宅へ挨拶に行くのが基本でしたが、現代では「新しい家族を築く」という考えのもと、顔合わせ食事会をすることが多いようです。場所や日程の調整は子どもに任せます。

親の服装は父親はスーツ、母親は落ち着いたワンピースやスーツで出向くと印象がよいでしょう。

両家の顔合わせでは、互いに挨拶を交わし、乾杯して歓談しながら食事をするのが一般的です。このときに、結納はするのか、家や地域のしきたりを重視しているかなど、相手側の結婚に関する考えを確認しておきましょう。

両家が今後、付き合いをはじめるための第一歩です。礼儀正しく接し、たとえ意見が違っても譲り合える関係を築くよう努めます。

女性側ならこんなひと言

「達也さんのようなご立派な方とお話がまとまりましてうれしく思います。娘はまだ子どもっぽいところもありますが、達也さんに助けていただきたいと思っております。どうぞよろしくお願いいたします」

男性側からの挨拶を受けたら、父親、母親の順番に自己紹介をします。男性をほめるひと言があるとよいでしょう。

男性側ならこんなひと言

「優子さんはとてもすてきな女性で、息子から結婚の報告を聞いて妻とともに喜びました。今日は改めてお願いとお礼に参りました。これから、どうぞよろしくお願いいたします」

父親、母親がそれぞれ自己紹介したあと、縁談を心から喜んでいることを伝えます。

両家の顔合わせのときに話し合っておきたいこと

- □結納や婚約の形はどうするのか
- □地域や家のしきたりなどがあるのか
- □仲人、媒酌人を立てるか
- □結婚式を挙げる時期はいつ頃がよいのか
- □結婚後のふたりの生活について

など

結婚準備 3

結婚費用の援助の考え方

男性側がお金を多く出すというのは親世代の話。最近は、両家平等、招待客の人数で割るなど不公平感のないような費用分担が一般的です。

親の関わり方

その一

目安は全体費用の3割程度
見栄を張らずにできる範囲で

その二

両家での費用分担の仕方を考えて関わるようにする

結婚準備の早い段階で援助できる金額を決めましょう

子どもたちだけの資金で結婚式を挙げられればよいのですが、婚約から新生活の準備までには大金がかかるため、援助を求められることもあります。

相場は、全体の費用の約3割、（両家で約190万円）ほどを援助するケースが多いようです。

あまりに資金に見合わない結婚プランを立てているなら、立て直しをアドバイスします。ただし、援助するからと口を出しすぎてはいけません。

両家での結婚費用の分担は、話し合って決めます。平等に折半するより、衣装代など項目別に負担する、招待客の人数によって負担するなどのほうが公平になり、トラブルは少ないようです。

無理はせずにできる範囲の支援をしましょう。

結婚にかかる費用

婚約	挙式・披露宴	新婚旅行	新生活
約100万円	約300万円	約50万円	約100万円
結納する場合の費用目安。行わない場合は節約できます。ほかに婚約指輪や食事会費も。	挙式、披露宴にかかる衣装や演出のほか、結婚指輪、二次会費用、お礼やお車代など。	航空券や宿泊費、お土産代など。どの国へ行くか、時期などによって費用は異なります。	ひと通りの家具をそろえ、新しく新居を設ける場合の目安。新居購入の場合は頭金も必要。

合計 約550万円

結婚費用は誰がどう支払う?

ふたりの貯金

ふたりが各自貯めてきたお金、もしくは結婚費用のために貯金したものが結婚資金の核です。

親の援助

結婚費用総額の約３割を援助するケースが多いようですが、不足分を出してあげるということも。

御祝儀

招待客などからいただくのは結婚式当日なので、あまりあてにしないほうがよいでしょう。

両家での負担の仕方

負担の方法を話し合って
しこりのないようにしましょう

結婚費用の負担方法を話し合っていても、途中で変更になった場合はすぐに伝えましょう。挙式・披露宴では、当日の追加料金も必要になるので、その分担についても事前に話し合っておくと安心です。

結婚準備
4

婚約スタイル

仲人を立てない結納は99%。婚約の儀式は省略化し、しきたりをあまり重視しないカップルが増えています。両家でよく話し合いましょう。

親の関わり方

その一
最近の婚約事情を知り
子どもの意思を尊重して

その二
両家で異なるしきたりは
互いに譲り合いを

結納を行うカップルは減少
婚約の考え方はかわっています

「結納」は日本の伝統的な婚約の儀式です。親世代では一般的な儀式ですが、現在は結納をしないカップルが多く、かわりに両家そろっての「顔合わせ食事会」を行うケースが増えています。

婚約は口約束にすぎないので、第三者を交えて儀式を行ったり、周囲へ公表したりすることでより確実なものになります。そのため、何らかの婚約スタイルを行うことをおすすめします。

婚約の儀式を省略化するのには、挙式や披露宴のための節約もあるようです。また、両家でしきたりが違うために、行わないことで公平を保つ考え方もあります。

費用との兼ね合いやふたりの希望を聞き、両家で話し合って儀式を行わない場合でも、周囲への報告はきちんとしましょう。

婚約にかかる費用

結　納

両家が一堂に会する「略式結納」が主。費用の分担方法や結納金の有無と額は相談を。

婚約パーティ

親族や仲のよい友人を招いてパーティを開きます。披露宴はせず、かわりに行うことも。

顔合わせ食事会

儀式めいたことはせず、レストランなどで両家で食事します。記念品を交換することも。

婚約記念品の交換

男性から婚約指輪を、女性から腕時計やカフスなどを贈ってふたりで婚約を交わします。

こんなときどうする？

ナシ婚の場合は何かするべき？

口頭でよいので、職場や周囲へは報告するようにアドバイス

入籍だけ行い、婚約も、結婚式自体も行わない「ナシ婚」も増えています。その場合、お世話になった人や親戚などには直接電話で報告したほうがよいでしょう。

婚約通知状を出す

儀式は行わず、親しい人やお世話になった人に通知状を発送して、婚約を知らせます。

結婚準備
5

結納での親の関わり方

地域や家のしきたりが大きく反映する可能性があります。もめないように、前もって両家でよく話し合いましょう。

親の関わり方

その一
結納品の数や結納金は両家のしきたりを尊重する

その二
ホテルや専門式場での「結納パック」を確認してみる

両家のしきたりを考えて納得のいく形にしましょう

結納を行う場合、本来は仲人が男性宅から女性宅へ運ぶ「正式結納」が一般的でした。現在は両家が一堂に会して結納品を交換する「略式結納」が主流です。

また、結納の進行はふたりの仲を取りもつ「仲人」が行いますが、最近では仲人を立てないことが多く、その場合は男性側の父親が代役を務めます。

結納には地域や家のしきたりが大きく関わるため、結納品の種類や品目、結納金の額など事前に話し合う必要があります。また、どちらかの自宅で行う場合は、招かれる側が「酒肴料《しゅこうりょう》」を渡します。

ホテルや結婚式場では「結納パック」という、進行や料理などがセットになったプランも用意されています。10~30万円ほどで、面倒な準備もお任せできます。

結納準備の前に両家で話し合っておきたいこと

- □結納品の数は何品目か
- □結納金はいくらにするか
- □どちらの家のしきたりに合わせるか
- □結納の日取りはいつか
- □会場はどこで行うのか
- □結納時の服装は

覚えておきたい結納の基礎知識

結納金の相場

100～150万円を「御帯料《おんおび》」として、男性側が女性側に贈ります。両家が納得すればなしでもかまいません。

結納金は省略するケースあり！

結納を行う会場

女性側の自宅で行うのが一般的。ホテルや専門式場、料亭などでも行えます。両家の集まりやすい場所で。

どちらかの自宅の場合は負担にならないように注意を！

結納返しの考え方

関東式は結納金の半額を「御袴料《おんはかま》」として贈ります。関西式は嫁入り時に1割を持参します。

仲人の役割

結納品を届ける、結納の進行を務めるほか、結婚式当日に「媒酌人」としてスピーチなどを行います。

関東と関西しきたりの違い

関東 目録と「熨斗《のし》」を品数に含めた9品目が正式です。すべてをひとつの白木の盆にのせて飾ります。

関西 目録と「熨斗《のし》」は含めず、7、5、3品目と品数を調整できます。それぞれの品を白木の盆にのせます。

結婚準備 6

挙式・披露宴のスタイル

少人数しか招待しない、挙式は海外でなど、固定観念にとらわれない、ふたりらしさを追求した結婚式を挙げるのが現代流です。

親の関わり方

その一
子どもの希望するスタイルを尊重しアドバイスする

その二
日取りや会場スタイル決めはよく話し合って

多種多様なスタイルを知り子どもの最良の日を支えて

最近は、格式高い挙式・披露宴よりも、アットホームな雰囲気のほうが好まれます。また、国内のリゾート地や海外で挙式を行い、披露宴は友人だけを招待するというケースもあります。

ほかに、挙式・披露宴にはお金をかけないようにと節約するカップルも増えています。専門式場ではなく、レストランで行ったり、挙式から披露宴までを約10万円で行える格安プランを利用したり、式は行わずに衣装をレンタルして記念撮影だけにしたりするなど……。カップルの数だけ結婚スタイルがあるといっても過言ではないでしょう。

親はあまり意見を押しつけず、ふたりの納得のいく結婚スタイルを尊重して、ときにはアドバイスしてあげましょう。

披露宴の会場

結婚専門式場

チャペルや神殿はもちろん、豪華な内装や広い庭園などもあります。スタッフは結婚の専門知識が豊富。

ホテル

高級感のある内装と、交通の便のよい立地にあることが魅力。少人数から大人数まで対応可能です。

レストラン

料理にこだわりたいカップル向け。招待客との距離が近く、アットホームな雰囲気です。貸し切ることも可能。

ゲストハウス

一軒家を貸し切ったスタイル。屋外を使った挙式や個性的な内装などの希望が叶えられやすい。

個性派ウエディング

手続きや準備は必要ですが、船の上や水族館など、本来は結婚と関係のない場所でも行うことができます。

挙式のスタイル

キリスト教式

チャペルで、神父または牧師が聖書を読み、新郎新婦がキリスト教の神に永遠の愛を誓います。

神前式

神社や専門式場の神殿などで、斎主《さいしゅ》の祝詞《のりと》奏上《そうじょう》、三献《さんこん》の儀《ぎ》（三三九度《さんさんくど》の盃《さかずき》）などを行う儀式です。

人前式

招待客の前で結婚を誓います。会場も決まりがなく、ホテルのロビーや披露宴会場で行うことも。

海外挙式

日常とは異なる風景の中で、挙式を行いふたりの愛を誓います。新婚旅行を兼ねるケースもあります。

最近の傾向

式は行わずにフォトウエディングに

結婚式は行わず、ウエディングドレスや振袖などを着てスタジオやロケーション撮影を行い、記念に残します。

結婚準備 7

結婚準備のアドバイス

実際に準備がはじまると、ジェネレーションギャップを感じるでしょう。子どもの意見を尊重してトラブルが起こらないように気をつけます。

親の関わり方

その一
親の理想を強引に押しつけず子どもの理想をサポートする

その二
結婚プランは子どもにまかせ細かなアドバイスを

押しつけではなく必要に応じてアドバイスを

子どもの晴れ舞台、とくに母親は「ドレスはもう少し派手なほうがいいんじゃない?」「絶対にキャンドルサービスはするべきよ」と、ついつい自分のことのようにまい上がって口を出しがちです。あくまでも主役ふたりの希望する結婚スタイルを尊重してください。ただ、相談されたり、頼まれたりした場合には適切なアドバイスをしたいものです。

現代の結婚式の演出や引き出物選びなどは選択肢が幅広いので、ある程度は子どもに任せましょう。見落とされがちな親戚関係の配慮については、親の出番です。親族の中で当日会場で着付けをしたい人がいないか、年配の招待客向けの引き出物の選び方、親戚の宿泊費などを確認しておくようにしましょう。

子どもたちへのアドバイスの仕方

OK ふたりの希望を聞きつつ、相談されたら真剣に応えて

Check

- □ 最近の結婚事情を理解して接する
- □ 予算に適した結婚式を提案
- □ ふたりの希望を尊重する
- □ 親戚関係については相談にのる
- □ 相手の親との関わり合いを考える
- □ あまり口を出さない

NG 親の理想やしきたりを押しつけすぎるのはダメ！

Check

- □ 親世代の結婚観を何度も語る
- □ しきたりを強くすすめる
- □ 衣装や引き出物など細かく口を出す
- □ お金を出すからと意見をたくさん言う
- □ 勝手に話を進める
- □ 相手の親を気づかわない

アドバイスしてあげたいこと

最近の傾向

仲人の有無

結納自体を行う人が減っているため、仲人を立てない傾向が強いようです。

こうアドバイス

立てない場合は代役を！

結納をする場合、仲人がいないなら男性側の父親が代役で進行します。事前に務められるかどうかの確認を。

最近の傾向

婚約スタイル

結納は行わず、食事会や記念品交換ですませるケースが増加しています。

こうアドバイス

どれほど省略するのか相談を！

相手の家はしきたりを気にしないのかを確認したうえで、ふたりの希望を聞き、問題がなければ受け入れましょう。

最近の傾向

日取り

あまり気にされず、仏滅だと式場の予約が取りやすいなどメリットも。

こうアドバイス

こだわらすぎず、都合のよい日に！

六曜は中国から伝わった一日の時間の吉凶を占うもの。こだわる必要はありません。両家の集まりやすい日を。

＜六曜《ろくよう》の意味＞

大《たい》安《あん》	何事においても吉とされる
友《とも》引《びき》	祝い事は吉。凶事は悪い
先《せん》勝《しょう》	午前は吉、午後は凶
先《せん》負《ぶ》	午前は凶、午後は吉
赤《しゃっ》口《く》	正午のみ吉であとは
仏《ぶつ》滅《めつ》	万事において凶とされる

場所選びの例

- ふたりが生活を送る場所で行う
- 両家の中間地点で行う
- どちらかの地元で挙式を
  もう片方の地元で披露宴を行う
- 国内、海外リゾート地で行う
- ふたりの思い出の地で行う

最近の傾向

会場選び

ふたりの希望を尊重します。挙式と披露宴会場を別にする場合もあります。

こうアドバイス

招待客のことも考えて選んで！

招待客は何人呼ぶ予定か、どこで行うか、遠方からの招待客の交通の便などを確認するように伝えましょう。

最近の傾向

招待客

親族だけ、友人だけなどに絞って招待し、少人数で行うのが増加傾向。

こうアドバイス

親族は親が考慮を！

結婚式の規模はふたりに任せ、親族をどの範囲まで呼ぶのかは親が判断し、アドバイスしましょう。

＜招待客の割合＞

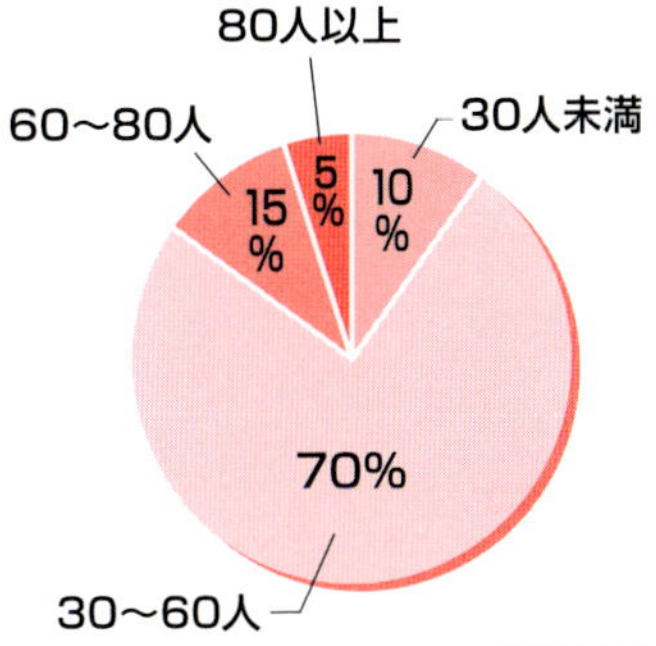

（編集部調べ）

最近の傾向

衣装

ウエディングドレスの種類も豊富です。お色直しの衣装も本人に任せて。

こうアドバイス

本人の好きなものに任せて！

新婦は、母親に意見を聞きたい人が多いようです。体型や式のイメージに合ったものをすすめましょう。

最近の傾向

お礼などの費用

マナーなので、昔と現代であまり変動はありません。見合った額を。

こうアドバイス

交通費や宿泊費を気づかって

媒酌人やスピーチを依頼した人、遠方者などのリストを子どもに作成してもらい、渡す相手と金額の確認を。

最近の傾向

引き出物・プチギフト

本人が選ぶカタログギフトのほか、年齢や性別に合わせて贈り分けることも。

こうアドバイス

招待客の世代に合っているか確認

引き菓子を入れて2品が主流です。基本は子どもに任せ、親戚や年配の招待客へは、親が選びましょう。

結婚準備 8

結婚式前日までの準備

結婚式が近づくと、忙しくて子どもたちとなかなか打ち合わせができなくなります。親の当日の役割は早めに把握しておきましょう。

親の関わり方

その一
招待客のことを把握してもてなす準備をする

その二
前日は持ち物などの確認をし早めに就寝する

当日あわてないように早めに用意をすませます

大まかな結婚式の内容が決まってきたら、親の視点から次のふたつのことをチェックしましょう。

①**招待客の人数を調整する。**予定人数より増えた場合は相手側に相談します。相手側の人数が少ないようなら、総人数の予定内におさまりますが、変更になる場合は早めに会場へ伝えます。親はとくに親族関係の把握を。

②**招待客の宿泊先や交通の便を確認しておく。**遠方から来る親戚などが迷わないように、アクセスについて事前に確認して伝えておきましょう。駐車場の有無も忘れずに確認してください。

結婚式前日はあわてがちなので、招待客の宿泊の手配などを確認し、持ち物の用意を早めにすませてゆったりとした気持ちですごしましょう。

結婚式前日に親がすること

1 関係者や親戚に挨拶する

会場に行って衣装が届いているかを確認し、会場スタッフなどに挨拶しておきます。媒酌人やスピーチを依頼した人などへは電話で挨拶を。

2 心付けやお礼の準備をする

当日誰に渡すのか、タイミングはいつがよいのかなどを確認しておきます。お金は新札を用意し、御祝儀袋も予備用に多めに準備しましょう。

3 持っていく物を確認する

当日会場に持っていく物をあらかじめリストアップし、前日の夜と当日の朝の二度はチェックしましょう。衣装は汚れやほつれがないか早めに確認を。

心付けやお礼は預かっておきましょう

きちんと把握できるようリストを作成してもらいましょう

忙しい新郎新婦にかわって親がお礼や心付けを渡しますが、初対面の人もいます。子どもに誰にいくら渡すのかをリストにしてもらっておくと安心です。

＜心付け・お礼の金額の目安＞

式場スタッフ	1万円（まとめて）
美容・着付け	3000~5000円
司会者・カメラマン（プロ）	3000~5000円
司会者（友人）	3万円
受付係	3000~5000円
介添人	3000~5000円

※式場スタッフへの心付けは断るところもあるので、あらかじめ確認を。

両親の持ち物Check

- □衣装
- □衣装の小物
- □ハンカチ
- □化粧道具
- □現金（新札）
- □媒酌人へのお礼
- □御祝儀・お車代
- □御祝儀袋（予備）
- □謝辞の原稿
- □招待客リスト
- □挙式・披露宴の進行表
- □席次表
- □軽食　など

結婚準備 9

授かり婚の場合の結婚準備

体調が不安定な妊娠中には、通常の結婚準備はハードです。体調を考慮しながら、結婚式を挙げる時期やプランを検討しましょう。

親の関わり方

その一
妊婦の体調を第一に考えて結婚の準備を進める

その二
出産と今後のふたりの人生設計についてふたりの考えを聞く

いまはダブルハッピーと喜び祝福する時代です

結婚報告とともに妊娠を告げられたら、まずは結婚式についてふたりがどのように考えているのかを確認しましょう。

妊娠中に式を挙げるなら、安定期の5～6か月頃に行います。最近は授かり婚が増加傾向にあるため、ホテルや専門式場では1～2か月で準備ができる「マタニティウエディングプラン」が用意されています。

また、挙式や披露宴はせず、おなかが目立つ前にフォトウエディングをしてもよいでしょう。

出産後に式を挙げるというケースも珍しくありません。その場合は、赤ちゃんを参加させた演出を取り入れるのがおすすめです。

産前産後どちらの場合にせよ、親の助けが必要となります。しっかりと支えてあげましょう。

結婚式を挙げる時期と準備

妊娠発覚＆結婚の決意

「出産後」に挙げる

披露宴の合間に授乳休憩を設けるなど、工夫を。成長してからならリングボーイなどの演出も可能。

時期	出産後すぐは忙しいので、結婚1周年記念などにしても。
費用	「パパママ婚」「ファミリー婚」というプランを利用するとお得です。
準備中の注意	通常の結婚準備と同様。打ち合わせ時に子どもをどうするか考えます。
周囲の配慮	式中に子どもが泣いたときの対処、おむつ交換など手伝いましょう。

「出産前」に挙げる

おなかがふくらんでくるため、衣装選びに注意します。準備は安定期に入る前に行うので、体調管理が第一。

時期	つわりがおさまり、おなかが目立たない5～6か月の安定期が一般的です。
費用	通常の結婚費用とあまりかわりませんが、出産費用も考える必要が。
準備中の注意	体型だけでなく肌も敏感なので、衣装とヘアメイク選びは慎重に。
周囲の配慮	新郎が主体に動く、新婦の母が手伝うなどして、両家で協力を。

結婚準備
10

両家の関わり合い方

縁あって両家は親族となりますが、どこまでお付き合いするべきなのか迷うところ。お互い負担にならないような関係を目指しましょう。

親の関わり方

その一
失礼にならない
程度の
お付き合いは必要

その二
無理をして
印象が悪く
ならないように
気をつける

**遠すぎず、近すぎない
心地よい関係を築きましょう**

結婚が決まったら両家で準備について話し合う機会も増え、距離が縮まります。ただし、家族同様のような、なれなれしい態度は控えます。長い付き合いがはじまるので礼儀正しく接しましょう。

結婚準備では、自分たちのしきたりや風習を押しつけるのではなく、子どもを通して相手側の意見を聞いたり、話し合いをしたりして譲り合いましょう。

相手側に慶事や弔事があった場合はきちんと対応します。結婚相手の兄弟姉妹の婚礼時には御祝儀を贈る、通夜や葬式には参列または香典を子どもに託すなど、臨機応変に対応しましょう。

お歳暮やお中元は、最近は贈り合わないケースが多いようです。両家で事前に話し合っておくと安心でしょう。

両家のお付き合いはどこまで？

お中元・お歳暮は贈るべき？

互いに迷惑にならない範囲で行いましょう

最近は贈り合わないことが多いようですが、相手から贈られてきた場合は同等の品物にお礼状をつけて贈ります。季節の挨拶状は出しましょう。

相手の家の冠婚葬祭は？

参列するようにしますが困ったら子どもに任せます

慶事には3万円程度の御祝儀を。弔事には親や兄弟姉妹の場合は参列し、遠方の場合、祖父などは香典を渡してもかまいません。伝えられなかった場合はとくに何もしません。

孫ができたときは？

世話やプレゼントなど競い合ってはダメ

お宮参りなどの儀式は、両家そろって参拝しても。お祝いでの贈り物などは、子ども夫婦と話し合って両家での分担を決めるとよいでしょう。

こんなとき どうする?

結婚準備編

結婚にトラブルはつきものです。感動的な結婚式を迎えられるように、ひとつひとつを解決しましょう。

Q 婿養子に来てほしいのですが、どのタイミングで相手の両親へ伝えるべきですか?

A **正式な話し合いの場を設けて伝えましょう**

直接話す前に、本人を通して相手側の親の意見を聞きます。納得しているなら、顔合わせの段階で正式に話をし、抵抗があるなら、何度か会って交流を重ねてから話し合いの場を設けます。仲人など第三者を交えるとよいでしょう。

Q 子どもの結婚相手が過去に大病をしたことがあるようです。どんなフォローをすればよいでしょうか?

A **病気の症状を把握しておき、今後の計画を考えさせましょう**

相手の症状や再発の可能性、治療について話を聞きます。そのうえで、ふたりが結婚を固く決意しているなら、認めてあげたいものです。万が一、体調をくずしたときのこと、結婚後の生活について、早めに両家で話し合っておくと安心です。

Q 婚約解消になったとき、親はどのように対応するの?

A **感情的にならずに、冷静に対応しましょう**

性格の不一致などなら本人同士の話し合いで解決しますが、犯罪歴を隠していた、ほかの人と交際していたなどの場合は慰謝料を請求できます。本人も両親も感情的になりがちなので、第三者を立てて話し合うことをおすすめします。

第2章

結婚式当日の親のふるまい

結婚式当日
1

控え室で招待客をもてなす

会場に着いたらスタッフなどに挨拶をして着がえ、控え室に移動します。招待客が来たら挨拶をして出迎えましょう。

親の関わり方

その一
忙しい子どもたちのかわりに親が招待客をもてなす

その二
もてなしのマナーを守って失礼のない態度で臨む

全体のようすに気を配り招待客へ挨拶をしましょう

結婚式当日の両親の役割は、主に招待客のもてなしです。招待客の中には新郎新婦の友人や、職場関係者、相手側の親族など初対面の人ばかりでしょう。到着したら自己紹介して「お越しいただき、ありがとうございます」とこちらから声をかけ、用意している場合は飲み物をすすめます。媒酌人が到着したら、より丁寧に挨拶をし、親族を紹介しましょう。

ひとりの人と話し込んだり、会場内をウロウロしたりするのは厳禁です。受付やトイレ、喫煙所の位置は把握し、たずねられたらすぐに案内できるようにします。

両親の居場所がわからないと、進行の妨げになります。にぎやかな雰囲気になるように努めて、何かあれば、控え室から動かず、会場スタッフに頼みましょう。

招待客をもてなすときのマナー

おもてなしポイント

マナー1 自分から声をかけてお礼を述べましょう

わざわざ会場に足を運んでいただいたこと、これまでに新郎新婦がお世話になっていることへのお礼を述べます。

マナー2 無人にせず、必ず身内の人がいる状態に

進行の変更や、トラブルがあったときに備え、スタッフと連絡が取れるようにしておきます。控え室にいるようにしましょう。

親族・来賓の人へ

「和哉の母です。本日はご多用のところお越しいただき、ありがとうございます」

「本日は遠方よりお越しいただき恐縮です。よろしくお願いいたします」

相手の親や親族へ

「本日はありがとうございます。新婦の母、祐子でございます。
これからも末永いお付き合いをどうぞよろしくお願いいたします」

NG こんなもてなしは失礼です!

NG 特定の人と長く話しこむ

知り合いや親族とはついつい話がはずみがちです。続々と到着する招待客に、それぞれひと言ずつ挨拶を。

NG 何も言わずに立ったまま

ただ立っているのでは、親族と気付かれないうえ印象が悪くなります。年配者には席をすすめるなど積極的に。

NG 相手側のことを話す

悪意がなくても、相手側の噂話などは言わないようにしましょう。また、相手側の親族にも丁寧に接します。

結婚式当日
2

親族紹介の仕方

挙式の前、またはあとに両家の親族紹介と記念撮影が行われます。紹介は媒酌人の役割ですが、最近は両家の父親が行うのが主流です。

親の関わり方

その一
両家の父親が仕切って順番に紹介する

その二
人数に合わせて紹介法を確認する

紹介する順番を把握して臨機応変に対応しましょう

両家が一堂に会して行われる親族紹介は、挙式のあとや披露宴までの間に控え室などで行われます。場合によっては親族だけ早めに集まり、挙式前や別の日に行われることもあります。

親族紹介は新郎側、新婦側の順で行い、両家の父親が仕切り、ひとりずつ紹介していきます。人数が多い場合は順に自己紹介の形式をとることも。

まずは、新郎側から紹介します。父親自身と家族（新郎の兄弟など）の紹介からはじめ、近い親族で年齢の高い人の順に紹介していきます。基本的には姓名、新郎との関係だけでかまいませんが、住んでいるところや勤め先などを紹介してもよいでしょう。

新郎側が終わったら、同様に新婦側も親族を紹介していきます。

親族紹介の順番とマナー

挨拶する順番は？

新郎側→新婦側

年上→年下

が基本です

誰が紹介する？

父親がします
ただし、多いときには
それぞれに
自己紹介してもらいます

1 まずは新郎側から家族の自己紹介

「私は新郎の父、義則と申します。よろしくお願いいたします。隣におりますのが新郎の母の芳子でございます」

父

次に紹介された人が挨拶します

「新郎の母、芳子でございます。どうぞよろしくお願いいたします」

母

このあとに、兄弟が続きます

2 近しい親族を年上から紹介する

「隣はおじの雄二でございます。その隣は新郎のおばにあたります久子でございます」

父

紹介された親族がひと言ずつ挨拶します

「おじの雄二でございます。どうぞよろしくお願いいたします」

おじ

このあと、近しい親族から、年上→年下の順に挨拶します

3 新婦側に交換し、①〜②をくり返す

4 新郎の父親が締めの挨拶をする

「以上でございます。幾久しくよろしくお願いいたします」

父

結婚式当日
3

披露宴での親のふるまい

披露宴中は、招待客が楽しめるようにもてなします。ただし、そちらに集中しすぎて、披露宴の進行を無視しないように気をつけましょう。

親の関わり方

その一
招待客に積極的に話しかけ和やかに対応する

その二
披露宴の進行を邪魔しないように挨拶回りを

列席してくれた招待客を精一杯もてなします

招待客へのもてなしは、披露宴が本番です。乾杯後に式の進行の合間を見て、各テーブルへ回って挨拶をしましょう。媒酌人や主賓には両親そろってテーブルへ伺い、それぞれひと言ずつ感謝の言葉を述べます。

お酌をするときには、ボトルを持ち歩くのはみっともないので、各テーブルに置いてあるボトルをすすめます。逆にお酌をされたときはありがたく受けますが、飲みすぎないように注意を。

挨拶するタイミングも注意が必要です。祝辞や余興中、そのほか演出が行われているときは着席して、注目します。また、祝辞などが終わったら、拍手だけでなく一礼して、感謝を示しましょう。

式が終わるまで、招待客にはつねに笑顔で接するようにします。

披露宴中の挨拶とマナー

マナー1 普段子どもたちがお世話になっている人へ席へ出向いて挨拶をする

マナー2 スピーチや余興中は席に着き、耳を傾ける

マナー3 お酒を飲みすぎないつがれたら、断らずに快くいただく

マナー4 お酒をすすめるときは各テーブルに置いてあるものを。ボトルは持ち歩かない

仕事関係者へ

職場でお世話になっている方々には、お礼とあわせて今後のご指導もお願いします。退職する場合はこれまでのお礼を。

> いつもご指導いただきましてありがとうございます。
> これからもご指導、ご鞭撻《べんたつ》をよろしくお願いいたします。

友人・恩師へ

誰かわからない場合は名前をたずね「子どもがお世話になっている旨を聞いています」と日頃のお礼を伝えます。

> お忙しいところお越しいただき、ありがとうございます。
> ここでこうしてお会いできますことを楽しみにしておりました。

相手側の親族へ

はじめて会う場合が多いので自己紹介をします。今後の親戚付き合いがはじまります。しっかり挨拶をしておきましょう。

> 遠方からご出席いただきましてありがとうございました。
> 今後ともどうぞよろしくお願いいたします。

結婚式当日
4

披露宴での食事のマナー

主催者側である両親は、意外と食事のマナーを見られています。正しいテーブルマナーを身につけて当日に臨みましょう。

親の関わり方

その一
かしこまった席では正しいテーブルマナーを

その二
食事に夢中になりすぎてはダメ
歓談を大切にする

正しいテーブルマナーを覚えておけば恥をかかずにすみます

披露宴がはじまったら乾杯をして食事に入りますが、両親は披露宴の主催者として、主賓が食べはじめてから料理に手をつけます。

最近の傾向としてはフランス料理や和洋折衷など、洋食が多いので、ナイフとフォークを使います。使い慣れていない場合は、スタッフに箸を用意してもらってもよいでしょう。

料理が出て、会場全体が和み、歓談がはじまったのを見計らって、各テーブルへ挨拶に回ります。このときに、ナプキンをテーブルの上に置かないように気をつけてください。これは食事終了のサインです。正しくは、いすの上に置きます。

おめでたい席なので、食事のマナーはいつも以上に気をつけるようにしてください。

テーブルマナーの基本

洋食のマナー

テーブルに全員分の食事が並んでから食べはじめます。皿は持ち上げずに置いたまま食べ、食事を中断するときはナイフとフォークを「ハの字」に、終了するときは並べて置きます。

カトラリーは献立に合わせて並べられています。外側から使うのが基本ですが、間違えたらスタッフへ。

ナプキンの使い方

席を離れるときはいすの上にナプキンを置きます。終了ならテーブルの上に。

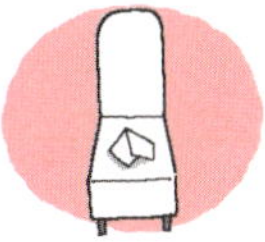

和食のマナー

汁物を食べるときには、椀のふたを取って裏返して右側に置き、食べ終わったらもとに戻します。箸の持ち方の間違いは意外と目立つので、注意しましょう。

グラスの持ち方

タンブラーの場合

真ん中よりもやや下の部分を持ちます。高い位置を持ったり、底をつかんで持ったりするのは見た目が悪く、下品です。

ワイングラスの場合

グラスの脚の部分を親指と人さし指、中指で持ちます。握って持ったり、小指を立てて持ったりしてはいけません。

結婚式当日
5

お礼の渡し方とタイミング

式でお世話になる人にお礼や心付けを、遠方からの招待客などにお車代を渡します。タイミングを見て、失礼のないよう手渡しましょう。

親の関わり方

その一
当日にお礼・お車代を渡すときはタイミングに注意

その二
遠方からの招待客にはお車代を渡すのがマナー

お礼とお車代の相場と渡すタイミングを知りましょう

媒酌人や会場スタッフ、受付係、司会やカメラマンなど、結婚式当日にお世話になる人にはお礼や心付けを渡すのがマナーです。

両家で相談し、お世話になる人をリストアップして重複しないよう気をつけましょう。新札や祝儀袋は事前に多めに用意します。

当日、新郎新婦は忙しいので両親がタイミングを見て、お礼や心付けを渡します。式の前や見送り時など、いつ渡すのかを子どもたちと話し合っておきましょう。スピーチや余興をしてくれる友人には、現金だとかしこまりすぎるので後日、新婚旅行のお土産を渡すなど、子どもたちに任せます。

お車代は主賓や遠方の招待客に交通費のかわりとして渡します。前日までに現金書留で送るか、当日、受付係に渡してもらいます。

お礼とお車代を渡すタイミング

お礼 結婚式の進行の邪魔にならないよう、挙式前や見送り後などに渡すのがマナーです。金額もしっかり確認して渡しましょう。

渡す相手	金額	タイミング
媒酌人	御祝儀の倍返し（20～30万円）	招待客を見送ったあと、改めて媒酌人に挨拶をするときに。
司会（友人）	3万円	挙式がはじまる前に、挨拶とともにお礼を渡します。
受付係（友人）	3000～5000円	受付がはじまる前の準備中に、挨拶とともにお礼を渡します。
司会者・カメラマン（プロ）	3000～5000円	基本的に渡しませんが、チップとして挙式前に渡すことも。

お車代 電車や飛行機などで遠くから出席していただける招待客のほか、媒酌人や主賓など特別な役割を引き受けてくださる人へ渡します。

渡す相手	金額	タイミング
媒酌人	1万円～	見送り時に、お礼とともに1万円以上のお車代を渡します。
主賓・乾杯をお願いした人	1万円～	受付で渡してもらうか、控え室でお礼を兼ねてお車代を渡します。
遠方からの招待客	交通費の半額または全額	招待客の受付時に渡してもらいます。事前に切符を送っても。

結婚式当日
6

披露宴が終わったら

披露宴が終わっても気を抜いてはいけません。片付けや着がえは遅くならないように手早くすませて、式場を出ましょう。

親の関わり方

その一
招待客の見送りは最後までしっかりと

その二
披露宴後はお礼や報告を忘れずに行うこと

披露宴後も気を抜かずに挨拶と見送りをしましょう

招待客を見送って披露宴はお開きとなります。ここで安心して気を抜きがちですが、式場を出るまでにすべきことがあります。新郎新婦は着がえに時間がかかるため、ここでも親の出番です。

式場への支払いはたいてい事前にすませていますが、当日に追加があれば精算が必要になります。

司会や撮影を友人に依頼した場合、披露宴中にゆっくり食事ができないことも。軽食を用意するか、食事代を渡すなりするとよいでしょう。子どもたちと事前に話し合っておくと安心です。式場を出るときには、忘れ物がないようによく確認してください。

翌日以降にも、衣装の返却、お礼状や内祝いを贈るなど、することがあります。遅くなると失礼なので、早めに行いましょう。

披露宴後に親がすること

<当日>見送り片付け
・招待客を見送る
・係の人や式場スタッフに挨拶
・追加分の精算・後片付け

翌日までにする
・レンタルした衣装を返却
・タクシーや式場へ未払い分を精算

一週間以内にする
・媒酌人へ挨拶に行く
・お世話になった方へお礼状を出す
・近所へ挨拶に行く
・立替金があれば精算する

1か月以内にする
・内祝いを送る

要確認!

式場を出る前に忘れ物がないか確認を

御芳名帳と御祝儀は受付係から受け取ります。財布や携帯電話など小物は忘れやすいので念入りに確認しましょう。

・御芳名帳
・御祝儀
・バッグ
・引き出物
・祝電
・携帯電話
・名簿
・財布
・新郎新婦の荷物　など

要確認!

お祝いをいただいた方へ

招待していない人、または欠席者からお祝いをいただいた場合は、結婚報告を兼ねて「内祝い」の品物を贈ります。

こんなときどうする？

結婚式当日編

招待客のもてなしや、挨拶回り……。忙しい新郎新婦のかわりにしなければならないことが結構あります。

Q 両家で招待客の人数に差があり、こちら側が少ないのが気になります。

A **人数の差が目立たないように会場側に相談してみましょう**

一方の仕事関係者や親戚を多く招待せざるを得ない場合や、結婚式を行う場所によって招待客に差が出ることがあります。全体の人数を減らしたり、両家の招待客をシャッフルしたりして、差が目立たないよう工夫をしましょう。

Q 披露宴が長引きそうです。延長料なども気になりますがどうすればよいでしょうか。

A **プログラムを省くか司会者や会場側と相談しましょう**

乾杯の挨拶やスピーチが長引いて、スケジュールが押すことがあります。その場合は、歓談中などに会場の担当スタッフや司会者に相談し、親族の挨拶を省くなど、あまり影響のない範囲内でプログラムを省略してもらいましょう。

Q 招待客からの御祝儀袋にお金が入っていませんでした。直接言うのは失礼ですよね？

A **両親から伝えますが諦めることも肝心**

お金を入れ忘れたことは、相手にとって恥ずかしいことなので、親しい相手でも「こんなこと言うのは失礼なのだけど」などクッション言葉を使ってやわらかく伝えましょう。親しくない相手なら、関係に波風が立つので諦めるのが賢明です。

第3章

親の挨拶　原稿作成と話し方

原稿の作成
1

挨拶原稿を作成する

披露宴を締めくくる親の挨拶は、両家の代表として必ず成功させたいものです。基本を押さえ、自分らしい挨拶に仕上げましょう。

両家を代表してしっかりとした挨拶を

披露宴の最後に行う親の挨拶は、一般的に新郎の父親が行いますが、亡くなっている、事情があって参列できないなどの場合にはほかの親族が行います。両家で話し合い、誰が挨拶をするかを決めましょう。

挨拶は長引くと招待客が飽きてしまうので、約3分以内、文字数に換算すると500～600字程度が理想です。

原稿は左で紹介する6つの構成をもとに組み立てると文章の流れがよくなります。また、書くときに注意したいのは招待客の顔ぶれです。新郎新婦の仕事関係者や年配の方が多い場合には、くだけた内容は避けます。幼い頃のエピソードばかりを話すよりも、結婚相手をほめたり、ふたりの今後を応援したりしましょう。

誰が読む？ どう決める？

1. 新郎の父親
2. 新婦の父親
3. 新郎の母親
4. 新婦の母親

新郎の父親が何らかの事情で挨拶できない場合に、新郎の母親や新婦の父親、ほかの親族が行うこともあります。

挨拶の構成

1 両家代表として立場をはっきりと
新郎新婦との関係と名前を伝え、挨拶をする断りを添えます。

2 スピーチや余興をしてくれた人へ
集まっていただいた招待客へ、祝辞をしてくれた方へのお礼を。

3 ふたりの将来に希望を託して
子どもとのエピソードや、これからの希望を話します。

4 かわらぬご支援をお願いする
未熟なふたりを今後もご支援いただきたい旨を伝えます。

5 謙遜表現を入れ招待客を立てる
披露宴での行き届かなかった点についてのお詫びをします。

6 締めの挨拶でまとめる
招待客へのご多幸やご健康、お礼の言葉で終えます。

1 自己紹介とお礼
↓
2 祝辞《しゅくじ》へのお礼
↓
3 エピソードや親の思い
↓
4 今後の支援のお願い
↓
5 もてなしの不備のお詫び
↓
6 結びの言葉

原稿を書くときに気をつけること

- □3分以内の文章にまとめる
- □敬語は正しく使う
- □新郎新婦の指導をお願いする
- □縁起の悪い言葉は避ける
- □人名や役職名は間違えない
- □招待客へのお礼を入れる
- □読みやすい原稿にする
- □内輪うけの内容は避ける

原稿の作成 2

避けたい言葉と正しい敬語

結婚式というおめでたい場には、不釣り合いな言葉があります。失礼にならないよう、原稿ができたら見直しましょう。

おめでたい席では言葉づかいに気をつけて

挨拶原稿では招待客に失礼のないように正しい敬語を使うのがマナーです。ただし、普段使わない言葉を並べるだけでは、気持ちが伝わりにくくなることも。

原稿を見直すときは敬語の使い方を間違っていないか、「忌《い》み言葉」という縁起の悪い言葉を使っていないかを確認しましょう。

縁起の悪い忌《い》み言葉

別れを連想させる言葉	実家に戻ることを連想させる言葉	再婚を連想させる重ね言葉
別れる	戻る	かえすがえす
切る	かえる	ますます
終わる	返す	いろいろ
やめる	追う	しみじみ
去る	逃げる	わざわざ
流れる		くれぐれも
壊れる		ともども

こう言いかえて！

- ✕ 最後になりましたが → ○ 結びとなりましたが
- ✕ 新生活のスタートを切る → ○ 新生活をスタートする
- ✕ ますますのご健康を → ○ 末永いご健康を
- ✕ 仕事をやめる → ○ 家庭に入る
- ✕ お足元の悪い中 → ○ あいにくの天候の中
- ✕ お骨折りいただいた → ○ お力添えをたまわった

正しい敬語の使い方

誰に向かって話すかによって敬語を使い分けます

相手を立てる言葉を「尊敬語」、自分がへりくだる言葉を「謙譲語」といいます。立場を考えて適した敬語を使えるようになりましょう。

尊敬語

・結婚相手の家族へ
・祝辞をしてくれた人へ

謙譲語

・自分の身内へ
・両家として招待客へ

NG こんな話題はふさわしくありません

・宗教や政治の話
・ギャンブルの話
・不幸なできごと
・病気の話
・相手の家族の批判

尊敬語と謙譲語の言いかえ

	尊敬語	謙譲語
与える	くださる	差し上げる
言う	言われる、おっしゃる	申す、申し上げる
行く	お越しになる、いらっしゃる	まいる、伺う、上がる
思う	思われる、お思いになる	存じる
聞く	聞かれる、お聞きになる	伺う、お聞きする、承る
来る	お越しになる、お見えになる いらっしゃる	参る、伺う、上がる
～する	なさる、される	いたす、させていただく
食べる	召し上がる	いただく、頂戴《ちょうだい》する
見る	ご覧になる	拝見する
もらう	お受け取りになる	いただく、頂戴する、たまわる

原稿の作成
3

エピソードの探し方

子どもとのささやかな思い出を挨拶に加えると、自分らしい原稿に仕上がります。ただし、エピソードの選別にはよく注意しましょう。

子どもとの思い出や相手方の人柄をほめる内容に

子どもが幼い頃の思い出や、親の思いなどのエピソードを原稿に加えると微笑ましい印象になり、招待客の心に響きます。

ただし、エピソードをいくつも紹介すると挨拶が長くなり、伝わりにくくなるので、ひとつに決めて話したほうがよいでしょう。

招待客に年配の方が多い場合は幼い頃の微笑ましい一面や、学生時代に努力したことなどを話します。いくら面白くても、親を困らせた話など新郎のイメージが悪くなる話は避けたほうが無難です。

新郎新婦の友人が多い場合やゲストハウスウエディングなどのカジュアルな場では、少しくだけた内容でもかまいません。招待客の顔ぶれを考え、披露宴の雰囲気に合わせて、話す内容を決めるのがポイントです。

エピソード探しのコツ

1 アルバムや品物を見て思い出す

子どもが生まれた頃や幼い頃、家族旅行、季節の行事の写真などを見ると思い出がよみがえりやすいでしょう。

2 なにげない会話から探す

普段の口ぐせや結婚準備中のできごと、趣味や特技などから話を広げるのもひとつの手です。

原稿に盛りこみたいエピソード

OK　微笑ましく、心に染み入るようなエピソード

- 友人が多い
- 兄弟仲がよい
- 健康的で体力がある
- 親思いでやさしい
- 学生時代、スポーツに打ちこんだ
- 元気があって気づかいができる
- 動物好きな一面がある
- ボランティア活動をしたことがある
- 結婚相手をほめる
- 受験に真剣に取り組んだ
- ふたりのなれそめ

NG　招待客が不愉快になるエピソード

- 反抗期に手をやいた
- 親元にあまり寄りつかない
- 成績が悪かった
- 学校で問題を起こしたことがある
- 性格が暗く、頼りない
- ギャンブルが好き
- 仕事がうまくいかない
- 結婚相手が生意気だ
- 親族の病気
- 不良で手におえなかった
- 相手の家と価値観の違いがある

原稿の作成
4

挨拶によく使われるフレーズ

挨拶原稿を一から考えるのは、なかなか難しいものです。言い回しに悩んだら、定番フレーズを利用すると安心でしょう。

挨拶の構成

❶自己紹介とお礼
❷祝辞《しゅくじ》へのお礼
（導入）
❸エピソードや親の思い
❹今後の支援のお願い
❺もてなしの不備のお詫び
❻結びの言葉
（結び）

聞きやすい文章にするため推敲《すいこう》しましょう

結婚式での挨拶原稿は、

・500~600字、約3分程度
・上記6つの構成に組み立てる

が基本です。また、ちょっとした気づかいのひと言を加えるとより心に響きます。

たとえば、雨や雪で天候が悪いなら「あいにくの天候の中、お運びいただきまして誠にありがとうございます」、スピーチなどを引き受けてくれた方には「ありがたいご助言をいただきました」など、披露宴の状況に合った言葉を加えると、招待客も聞きやすいでしょう。

とはいえ、スピーチに慣れていない人にとってアドリブは失敗のもとです。挨拶原稿では、おめでたい席に適した定番フレーズがあるので、あらかじめどんな言葉を加えるか考えておきましょう。

フレーズ集

自己紹介とお礼

●ただいま、ご紹介にあずかりました○○です。両家を代表いたしましてご挨拶させていただきます。本日はご多用《たよう》の中にもかかわらず、結婚披露宴にご出席いただき、ありがとうございます

●新郎の父、○○でございます。本日は若いふたりのためにお運びいただきまして、誠にありがとうございます

●本日は披露宴へご臨席《りんせき》いただき、誠にありがとうございました。新郎の父、○○でございます。僭越《せんえつ》ながら挨拶させていただきます

天候にふれた挨拶

●本日はあいにくのお天気の中、ご足労《そくろう》いただきまして誠にありがとうございました

●本日は寒さの厳しい中、このように大勢の方《かた》にご臨席《りんせき》をたまわりまして、誠にありがとうございます

●本日はあいにくの天候にもかかわらず、ご列《れっ》席《せき》いただきまして、誠にありがとうございます

フレーズ集

祝辞《しゅくじ》へのお礼

●主賓《しゅひん》の○○様、そしてご友人の□□さんから心のこもった激励《げきれい》のお言葉をいただき、身に余る光栄でございます

●ご来賓《らいひん》の皆様からの熱いご祝辞《しゅくじ》や激励《げきれい》のお言葉を頂戴《ちょうだい》し、新郎新婦とともに感激いたしております。心から感謝申し上げます

●皆様からのあたたかいご祝辞《しゅくじ》や励ましのお言葉を頂戴《ちょうだい》し、親族一同、心より感謝しております

余興へのお礼の場合

●感動的な余興を披露していただき、ありがとうございます。ふたりはたくさんのすてきなお友達に囲まれていることを感じ、親としても感謝の念でいっぱいです

上司へのお礼の場合

●営業部長の○○様、そしてご同僚の皆様からのあたたかなご祝辞《しゅくじ》をたまわり、身に余る光栄と存じております

媒酌人《ばいしゃくにん》へのお礼の場合

●本日、媒酌人《ばいしゃくにん》の労をたまわりました○○様ご夫妻には心より感謝いたします

フレーズ集

エピソードや親の思い

●どちらかが沈んだらどちらかが支《ささ》える、その姿こそ夫婦のあるべき姿だと、私《わたくし》は思っております。ふたりにはいつまでも支え合い、寄りそって生きてほしいと存じます

●ふたりの真剣な気持ちを聞いて、あたたかく見守り、応援しようと決めました

●若いふたりですが、互いを思い合って笑顔あふれる家庭を築いてくれると信じております

●末永く明るく楽しい家庭を築いていってほしいと思います

新婦をほめるひと言も好印象！

●○○さんがついているなら心配はないと思っております

●彼女のような心やさしい女性を○○の伴侶《はんりょ》に迎えることができ、うれしく思います

フレーズ集

今後の支援のお願い

●ふたりは夫婦として新たな人生をスタートしたばかりでございます。なにぶん、未熟なふたりですので、人生の先輩である皆様にご教《きょう》示《じ》いただけたら幸いです

●本日ご臨席《りんせき》たまわりました皆様には、ふたりのこれからをあたたかくご支援、ご指導くださいますよう、よろしくお願いいたします

●まだ半人前のふたりですので、皆様のご支援、ご教示《きょうじ》が必要でございます。今後ともふたりをあたたかくお見守りください

●これから先、何かと迷うことも多くあるかと存じます。そうしたときには、アドバイスをいただけましたら幸いでございます

●まだ若いふたりでございます。これからの人生におきまして、大きな壁にぶつかることもあろうかと思います。そんなときには、ぜひとも正しい道へと導いてくださいますよう、お願いいたします

相手側の親族へひと言添える場合

●○○家のご親族の皆様には、この結婚を機に末永いお付き合いの程、どうぞよろしくお願い申し上げます

フレーズ集

もてなしの不備のお詫び

●皆様には、十分なおもてなしができず、行《ゆ》き届かなかった点も多くあったかと思いますが、ご容赦《ようしゃ》いただけましたら幸いです

●本日は至らぬところがありましたことをお詫び申し上げます

●慣れない宴《うたげ》の席で、何かと至らない点もあったかと思います。何卒《なにとぞ》お許しください

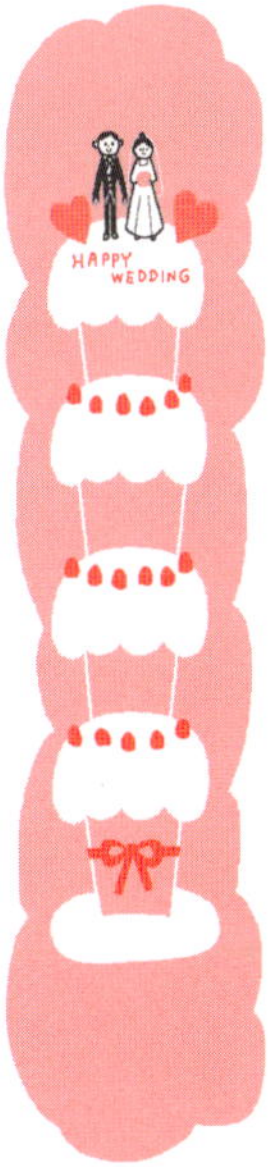

フレーズ集

結びの言葉

●つたない挨拶になり、大変失礼いたしました。本日は誠にありがとうございました

●両家を代表いたしまして、私《わたくし》からの挨拶とさせていただきます。本日は長いお時間お付き合いいただき、誠にありがとうございました

●ご列席《れっせき》の皆様のさらなるご健勝を心から祈念《きねん》いたしまして、私《わたくし》のご挨拶とさせていただきます。本日はありがとうございました

●皆様のいっそうのご多幸《たこう》をお祈りいたしまして、私《わたくし》からの挨拶とさせていただきます

こんなときの挨拶フレーズ

晩婚の場合

●これまで縁遠かった息子ですが、○○様のお力添えがあって、今日の日を迎えることができ、感謝しております

●年齢差はありますが、仲のよいふたりでございます。これからあたたかい家族を築いていくことと存じます

海外転勤が決まっている場合

●海外での新婚生活は、思うようにいかないこともあると思います。皆様には、よりいっそうのご指導をお願いいたします

ちょっとしたひと言で
マイナスイメージをかえられます
孫が楽しみだな。
順番が逆じゃないか!!

新婦が妊娠している場合

●新婦の○○さんは子どもを授かってから、母親としての自覚も生まれ、さらに魅力的な女性になっているように思います

●○○さんのおなかにはすでに新しい命が育《はぐく》まれております。孫の顔を見られるのはうれしい限りでございます

挨拶に使える名言・格言

●ロシアの小説家トルストイの言葉に『確実に幸福な人となるただひとつの道は、人を愛すること』というものがあります。ふたりも確実に幸福な人です

●ドイツの哲学者ニーチェの言葉です。『夫婦生活は長い長い会話である』ふたりにも、いつまでも会話が続くよう願っております

●『夫婦はふたつの半分になるのではなく、ひとつの全体になることだ』これは画家のゴッホの言葉です。この言葉をふたりに贈りたいと思います

●こんな言葉があります。『結婚は早すぎてもいけないし、遅すぎてもいけない。そして無理が一番いけない。自然がいいのだ』武者小路実篤《むしゃのこうじさねあつ》の作品に出てくる言葉です。まさに、ふたりのタイミングは今日という日だったのでしょう

●『女はよき夫を作る天才でなければならない』こう言ったのはフランスの小説家バルザックです。新婦の○○さんは息子を支《ささ》え、立派な男にしてくださると思います

●『袖振《そでふ》り合《あ》うも多生《たしょう》の縁《えん》』ということわざがあります。このご縁が、生涯のものとなるよう信じております

挨拶の話し方
1

印象のよい挨拶の仕方

原稿ができたら、難しすぎる言葉や忌み言葉を使っていないか、スムーズに話せるかなどを確認しましょう。

本番はスポットライトを浴び、全員が注目するので緊張するでしょう。暗記した原稿を忘れたら「申し訳ございませんが、原稿を読ませていただきます」と断り、原稿を見てもかまいません。

また、使い慣れないマイクの扱いに戸惑うことがないように、事前に練習をしておきましょう。挨拶するときに、マイクトラブルがあった場合は、会場のスタッフに調節をお願いします。

原稿に頼りすぎず
自分の言葉で話しましょう

口の開き方が小さかったり、早口だったり、うつむいて話したりするとせっかくの挨拶が台無しになります。

挨拶をするときに一番大切なのは、招待客全員がしっかりと聞き取れるように話すこと。はきはきとした口調、堂々とした態度で臨むと印象がよくなります。

緊張せずにうまく話すコツ

1 ゆっくりとしたスピード

口を大きく開け、普段よりもゆっくりとしたスピードで話すと聞き取りやすくなります。段落の出だしは明瞭に。

2 感謝の気持ちが伝わるように

定型文が多いので、堅苦しい話し方になりがちです。気持ちをこめて招待客に視線を送りながら話します。

挨拶するときの姿勢

スタンドマイクの場合

- 背筋をのばして立つ
- 手は体の横に下ろす、
  または前で組む
- 視線は会場の奥のほうへ
- お礼を言うときはお辞儀する

NG これはNG!

- 視線が定まらずキョロキョロ
- 姿勢が悪い
- ぐらぐら動く
- 手を後ろで組む

ハンドマイクの場合

- 利き手でマイクを持つ
- 背筋をのばして立つ
- ひじを開かず、体に添える
- 口とマイクの間は
  こぶしひとつ分あける

NG これはNG!

- マイクに口を近付けすぎる
- 姿勢が悪い
- 小指を立てる
- マイクが口から離れすぎている

挨拶原稿の覚え方

挨拶原稿は暗記して本番に臨みます。何度か読んでいるうちに自然と覚えられるので、内容のポイントを押さえるのが暗記のコツです。

丸暗記ではなく内容をつかむのが大切です

原稿を見ながら読むと、一字一句に気をつかって不自然な話し方になるため、暗記しましょう。

だからといって丸暗記する必要はありません。まずは、文章の流れと間違ってはいけない役職名や人物名などを確認し、全体の内容を大まかに覚えます。何度も練習しているうちに自然と口が回るようになります。ここまできたら、一度原稿を見ずに本番のつもりで話し、うまく話せない部分を集中練習すればよいでしょう。

本番は緊張するものなので、段落のはじめの言葉や人の名前などを箇条書きにしたメモを用意しておくと安心です。本番はそのメモを見て話すとスムーズに話せます。どうしても覚えられないなら無理をせず、招待客に断ってから原稿を読みましょう。

原稿を暗記するコツ

1 スラスラ話せるように原稿を修正する

難しすぎる言葉を外し、スムーズに話せるように原稿を修正します。話しやすい文だと暗記もしやすいでしょう。

2 箇条書きにしたメモを用意する

挨拶原稿のキーワードになる言葉を抜き出して、箇条書きにしたメモを作成すると、本番で役に立ちます。

挨拶原稿のメモの取り方

皆様にはご多用中《たようちゅう》のところ、吉川《よしかわ》家・小川《おがわ》家の結婚披露宴にご列席《れっせき》いただきましてありがとうございます。両家を代表して新郎の父、吉川努《つとむ》がお礼のご挨拶を申し上げます。
先ほどより主賓《しゅひん》の川野哲郎《かわのてつろう》様をはじめ、ご来賓《らいひん》の皆様にはあたたかいご祝辞《しゅくじ》をいただき、本当にありがとうございました。心より感謝申し上げます。
ふたりは晴れて夫婦となりましたが、これからの道は長く
…

メモに書いておきたいこと

1. 冒頭・段落のはじまりの言葉
2. キーワードになる言葉
3. 名前、役職名、組織名、団体名など
   ※読み方を間違えないようにふりがなも確認
4. 使い慣れていない言葉
5. 忘れやすい言葉

メモ化すると…

- 皆様には
- 吉川家・小川家の結婚披露宴
- 両家を代表して
- 先ほどより
  主賓 川野哲郎《かわのてつろう》様
- あたたかいご祝辞をいただき
- ふたりは晴れて

こんなときどうする？

親の挨拶原稿編

公の場で行う挨拶は、緊張も失敗もつきものです。どんなときも堂々とした態度でいられるよう、準備しましょう。

Q 話している途中に忌み言葉だと気付いたら？

A 気にせずに最後まで行いましょう

忌み言葉を言ってしまっても、気にせずに続きを話してください。途中で止まったり、言い直したりするほうがかえって目立ちます。ただ、やはり公の場には向かない言葉なので、事前によくチェックするようにしましょう。

Q 人前で話すのが苦手です。どうすれば緊張せずにうまく話せますか？

A 深呼吸して緊張を鎮めましょう

大勢の人の前で挨拶するのは緊張して当然。マイクの前に立ったら、大きく深呼吸してから話しはじめましょう。また、親戚や知り合いを見ながらだと話しやすいかもしれません。緊張をほぐそうとお酒を飲みすぎるのは避けてください。

Q 披露宴が押してしまい挨拶の時間が短縮されたときの対処は？

A 文章の前後はそのまま途中を省きましょう

最低限、「導入」と「結び」の言葉さえあれば挨拶として成り立ちます。中途半端に削ろうとすると読み間違いのもとなので、63ページで紹介した構成のうち「エピソードや親の思い」を省略するなどして、調整しましょう。

第4章

そのまま使える！
開宴の挨拶と謝辞実例集

開宴の挨拶
新郎の父 ①

フォーマルな挨拶

自己紹介とお礼

ご紹介にあずかりました新郎・敏夫《としお》の父、山下実《やましたみのる》でございます。本日はご多用《たよう》の中にもかかわらず、披露宴へご臨席《りんせき》いただきまして誠にありがとうございます。両家を代表いたしましてひと言ご挨拶申し上げます。

本日ご媒酌《ばいしゃく》の労をたまわりました長野幸男《ながのさちお》様ご夫妻には、結納から披露宴に至るまで、大変お世話になりまして、両家一同、心より感謝いたしております。

エピソードや親の思い

また、本日こうして、大勢の皆様に囲まれる中、めでたく両家相集《あいつど》いまして無事に結婚の宴《うたげ》が開《ひら》けましたこと、親として感謝の念にたえません。

ふたりが晴れの日を迎えられましたのも、ひとえに長野様やご列席いただいた皆様のおかげだと存じます。今日という日まで新郎新婦を支《ささ》え、あ

POINT 媒酌人には名前を出して感謝する

媒酌人を立てた場合は、名前を出して丁寧にお礼を伝えます。新郎新婦の分までしっかり感謝しましょう。

言いかえ 招待客を気づかうひと言を

「暮れも押し迫る中、お越しいただきまして」
「暑い日が続く中、ご列席《れっせき》いただき」

スピーチTime 約2分

正しい敬語や言葉づかいをマスターする

招待客に会社関係者が多い場合などは、格式高い挨拶にします。敬語の使い方や言葉づかいにとくに注意します。

話し方アドバイス

① 難しい言葉は、つかえないように気をつける

② 個人に感謝を述べるときはその人に視線を向ける

たたかく見守ってくださり、誠にありがとうございました。開宴に先立ちまして、厚く御礼《おんれい》申し上げます。

今後の支援のお願い

しかし、両人ともまだ世間知《せけんし》らずの未熟者でございます。家庭を築いていくには、迷うことも多くあるでしょう。どうぞこれまで以上に、お導きの程をお願いいたします。

もてなしの不備のお詫び

本日は、行《ゆ》き届かぬ点もありますことと存じますが、何卒《なにとぞ》、ご容赦《ようしゃ》くださいませ。また、どうか皆様には、敏夫と恭子《きょうこ》さんの結婚を祝い、宴《うたげ》を盛り上げていただくようお願い申し上げます。

結びの言葉

それでは、本日はよろしくお願いいたします。

言いかえ　新郎新婦の今後を招待客にお願いする

「いままで以上のお付き合いをお願いします」
「これからもふたりをあたたかくお見守りください」

アドバイス　使い慣れない言葉には要注意

普段使わない言葉は、スムーズに話せない可能性があります。本番前に練習をしておきましょう。

開宴の挨拶
新郎の父
②

カジュアルな挨拶

自己紹介とお礼

ご紹介にあずかりました新郎の父、鈴木《すず き》高雄《たか お》でございます。皆様、本日はご多用《た よう》の中にもかかわらず、新郎新婦のためにお集まりいただきまして、誠にありがとうございます。僭越《せんえつ》ながら、両家を代表してひと言ご挨拶させていただきます。

遠方から今日のためにお越しくださった皆様、ご足労《そくろう》いただきましてありがとうございました。素晴らしい一日になればと願っております。

エピソードや親の思い

おかげをもちまして、潤《じゅん》と菜々《なな》さんは本日、表参道の教会にて結婚式を挙げ、晴れて夫婦と相成《あい な》りました。天候にも恵まれ、澄み渡った青空のもと、新たな人生の一歩を踏み出したふたりには、この先もきっと素晴らしい道が広がっているでしょう。

POINT 遠方から来てくれた招待客に感謝を

遠くから来てくれた招待客が複数人いる場合は、ひと言感謝の気持ちを述べると丁寧な印象になります。

POINT 天気や季節にひと言ふれる

雨や雪の日に来てくれたことなどをひと言入れると、親切な印象に。季節に合う時候の挨拶を複数覚えておくと便利です。

スピーチTime
約2分

新婦のエピソードを入れて、かたすぎない挨拶に

招待客へお礼の気持ちを伝えるとともに、新婦の人柄をほめるエピソードを入れると和やかな雰囲気になります。

話し方アドバイス

① 新婦を紹介するときは新婦を見て笑顔で話す
② 新婦のことは「さん」づけでよぶ

菜々さんは、潤にはもったいないくらいすてきな女性です。明るく快活《かいかつ》で、彼女の笑顔は太陽のようです。潤は真面目な性格ゆえに、少し後ろ向きなところがありますから、潤が落ちこんだときは菜々さんに引っ張ってもらえたらと思います。どちらかが沈んだときはどちらかが支《ささ》える、その姿こそ夫婦のあるべき姿だと思っております。潤と菜々さんにはいつまでも、支え合い、寄りそって生きていってほしいと存じます。

お詫びと結び

さて、これより開宴させていただきます。不行《ふゆ》き届きの点もあることと存じますが、皆様には心より楽しんでいただければと思います。

本日はよろしくお願いいたします。

POINT 新郎を下げてから新婦をほめる

新郎は「前向きだが無鉄砲」などよい点と悪い点を述べ、そのあとに新婦をほめると引き立ちます。

NG 新婦をほめるとやわらかい挨拶に

新婦の人柄が伝わるエピソードを話します。ただし、「第一印象は悪かった」など、けなしてはいけません。

挙式と披露宴が別の日の場合

自己紹介とお礼

皆様、本日は暮れも迫る中、長男、健一《けんいち》と静《しずか》さんの結婚披露宴にお越しいただきまして、心より感謝申し上げます。

私《わたくし》は新郎の父、松本俊之《まつもととしゆき》でございます。僭越《せんえつ》ながら、松本・伊藤《いとう》両家を代表いたしまして、ご挨拶をさせていただきます。

エピソードや親の思い

健一と静さんは、6月8日にハワイの○○教会にて、挙式を行いました。すでにふたりは夫婦として新たな人生を歩んでおります。

本来ならば、結婚後すぐに披露宴を執《と》り行うべきなのですが、先に申し上げました通り、海外で結婚式を挙げたために、帰国してからの披露宴となりました。

海外での挙式はふたりの長年の夢でした。私くらいの年の者からする

POINT 挙式と披露宴が別の日になった理由を

挙式のすぐあとに披露宴を執り行うのが一般的なので、別の日になった理由や断りのひと言を述べます。

言いかえ 挙式の報告を言いかえて

「ふたりは、新たな門出を迎えたばかりです」
「晴れて夫婦となり、私どもも幸せをかみしめております」

スピーチTime 約2分

と、海外で挙式なんて考えられないことでしたので、最初は反対でした。しかし、健一と静さんはこの夢のために、人一倍仕事に打ち込み、貯金を積み重ねてふたりだけの力で資金をつくりました。その額を見たときに、ふたりの努力と情熱を感じ、私も考えを改めました。ハワイの青空のもとで、幸せそうな笑顔を浮かべるふたりを見ることができ、本当によい挙式だったと思います。

結びの言葉

それでは、開宴させていただきます。粗酒粗肴《そしゅそこう》のうえ、2時間半という短い時間ではございますが、どうぞ楽しんでいただければ幸いです。本日はよろしくお願いいたします。

POINT 挙式の感想を話す

参加できなかった招待客のために、どんな挙式だったか頭に思い浮かべながら話します。

言いかえ 開宴前に招待客に気づかいの言葉を

「行《ゆ》き届かぬ点もあるかと思いますが」
「何かと至らない点もあると存じますが」

挙式と披露宴が別の日になった理由を説明する

海外挙式や急な転勤など、何らかの事情があった場合は必ず冒頭に、別の日になった理由と気づかいのひと言を述べます。

話し方アドバイス

① 挙式報告は日付や場所を正確に伝える
② 挙式の思い出を話すときは頭に思い浮かべる

フォーマルな謝辞

ただいま、ご紹介にあずかりました櫻井浩二《さくらいこうじ》の父、櫻井眞一郎《しんいちろう》でございます。

本日は、あいにくの雨の中、大勢の皆様にご臨席《りんせき》いただきまして、誠にありがとうございました。僭越《せんえつ》ながら、両家を代表いたしまして私《わたくし》からひと言、お礼のご挨拶をさせていただきます。

福山明人《ふくやまあきと》様ご夫妻にはご媒酌《ばいしゃく》の労をたまわりまして、心より感謝申し上げます。ありがとうございました。

また、ご来賓《らいひん》の皆様にはお心のこもったご祝辞《しゅくじ》やあたたかいお言葉を数多く頂戴《ちょうだい》いたしました。心よりお礼申し上げます。新郎新婦ふたりにとっても大きな支《ささ》えになったことと存じます。

自己紹介とお礼

祝辞《しゅくじ》へのお礼

言いかえ　媒酌人にお礼を伝える

「媒酌の労をお執《と》りいただきまして誠に感謝申し上げます」

「とりわけ媒酌人福山明人様ご夫妻には厚く御礼《おんれい》申し上げます」

NG　「悪い」などの不適切な言葉に注意

雨の場合、「お足元の悪い中」という表現は避け、「天候に恵まれなかった」などと言いかえます。

スピーチTime 約2分

丁寧な言葉で感謝の気持ちを伝える

媒酌人や招待客へのお礼は、丁寧に述べます。かしこまった場では、不適切な言葉を使っていないか、とくに注意しましょう。

話し方アドバイス

① 感謝の気持ちを丁寧に述べる
② 媒酌人にお礼を言うときはしっかりした態度で

今後の支援のお願い

本日、こうして盛大に披露宴を開催できましたのも、お集まりいただいた皆様のお力添えがあってこそです。皆様には今日《こんにち》まで幾度《いくど》となく、お世話になってきましたが、今後ともかわらぬお付き合いをどうぞよろしくお願いいたします。

ふたりは、夫婦としてまだ新たな人生をスタートしたばかりでございます。なにぶん、未熟なふたりですので、人生の先輩である皆様にご教示《きょうじ》いただけたら幸いです。

結びの言葉

それでは、ご列席《れっせき》いただいた皆様のご健康とご多幸《たこう》をお祈りして、私からの挨拶とさせていただきます。

アドバイス　列席してくれた招待客に感謝を

招待客には披露宴に参加してくれたことへのお礼とともに、これからの付き合いをお願いしましょう。

POINT　今後の支援をお願い

今後の指導を招待客にお願いするときは、「まだ半人前」などとへりくだった言葉を使います。

カジュアルな謝辞

自己紹介とお礼

新郎の父、森川賢治《もりかわけんじ》でございます。

本日はご多用《たよう》の中にもかかわらず、若いふたりのためにお運びいただきまして、誠にありがとうございました。

祝辞《しゅくじ》へのお礼

ご参加いただいた皆様には先ほどから、たくさんのご祝辞《しゅくじ》をいただいて親としてもうれしい限りであります。

エピソードや親の思い

息子の健太郎《けんたろう》は、前向きな性格でいつでも明るい子どもでした。どんなに仕事で疲れても、家に帰って健太郎の弾《はじ》けるような笑顔を見ると、疲れがリセットされるようでした。私も妻もいままで、健太郎の笑顔に助けられてきました。

健太郎と奈央《なお》さんは同じ大学のサークルで知り合いました。奈央さんは

POINT 息子とのエピソードを話す

幼い頃のエピソードや人柄が伝わる話がよいでしょう。ただし、公の場なのでほめすぎてはいけません。

言いかえ 祝辞をいただいたことに感謝する

「数多くのお祝いのお言葉をいただいて、誠に光栄です」
「多くの励ましのお言葉を頂戴《ちょうだい》し、感謝申し上げます」

スピーチTime 約2分

お詫びと支援のお願い

結びの言葉

健太郎とは違って、落ち着いた上品な女性です。全くタイプの違うふたりのように見えますが、いつも明るい健太郎が弱音を吐《は》けるのは、奈央さんの前だけだと思います。

奈央さん、これからも健太郎のことを、どうぞよろしくお願いします。

本日はせっかくお越しいただきましたのに、十分なおもてなしもできずに申し訳ございませんでした。お集まりの皆様には、これからもいままでと同様に、ふたりへのご指導、ご鞭撻《べんたつ》の程をよろしくお願いいたします。

ご列席《れっせき》の皆様のさらなるご健康を祈念《きねん》いたしまして、私のご挨拶とさせていただきます。本日はありがとうございました。

新郎とのエピソードを話し和やかな謝辞に

新郎の幼い頃の思い出は、人柄が招待客に伝わる内容を選びましょう。「昔は泣き虫だった」など微笑ましいものを。

話し方アドバイス

① 息子とのエピソードは和やかな雰囲気で話す
② 不行き届きを詫びるときはしっかりお辞儀する

言いかえ　招待客にお詫びのひと言を

「不行《ふゆ》き届きな点もあったと思いますが、慶事《けいじ》の席に免じてご容赦《ようしゃ》いただければと思います」

POINT　なれそめを話し、新婦を紹介

新郎新婦のなれそめに軽くふれ、新婦の人柄を紹介します。なれそめは「同級生」など簡単に。

新郎の子ども時代を語る場合

自己紹介とお礼

皆様、本日は新郎・順一《じゅんいち》、新婦・美佳子《みかこ》さんのためにお越しいただきまして、誠にありがとうございました。

先ほどご紹介いただきました、新郎の父、吉野高史《よしのたかし》でございます。誠に恐縮《きょうしゅく》ではございますが、両家を代表いたしまして、ひと言ご挨拶をさせていただきます。

エピソードや親の思い

息子の順一は、とてもやさしく、家族思いの子です。修学旅行では少ないお小づかいで家族へのお土産ばかりを買い、家族の誕生日には率先して誕生日パーティを開《ひら》き、手紙やプレゼントを毎年くれました。落ちこんだときには、いつもその手紙を読み返したものです。

小さい頃から、「はやく大きくなって、僕がお父さんとお母さんに楽を

POINT 幼い頃のエピソードは具体的に話す

新郎の子ども時代の話は、印象的な言葉やできごとを具体的に話すと、招待客も情景が思い浮かべやすいでしょう。

アドバイス 新婦のことは「さん」づけで呼ぶ

もう身内になっているので、よび捨てでも問題ありませんが、「さん」づけしたほうが招待客の印象はよくなります。

スピーチTime
約2分

させてあげるからね」というのが順一の口ぐせで、その言葉通り立派な会社に就職してくれました。

そして、その会社で美佳子さんと出会うことができました。美佳子さんは気づかいのできる、すてきな人です。ふたりならば、この先どんなことがあっても支《ささ》え合って、生きていけると信じております。

今後の支援のお願い

ご臨席《りんせき》の皆様、これからも若いふたりを、どうぞあたたかく見守っていただければと思います。

結びの言葉

今日は長い時間、お付き合いいただきまして誠にありがとうございました。これからもよろしくお願いいたします。

新郎との思い出は具体的に話しましょう

父親だからこそ話せるような、息子とのエピソードを話してあたたかい雰囲気に。新婦をほめることも忘れないようにしましょう。

話し方アドバイス

① 具体的に思い浮かべながら話すと表情に出る
② 台詞《せりふ》などを入れてアットホームな雰囲気に

アドバイス 新郎新婦のこれからに期待する

「若いふたりなのでこれから心配」などネガティブなことは言わず、ふたりの未来を展望するひと言を。

言いかえ 新婦の人柄をほめるフレーズ

「料理上手で家庭的な女性です」
「明るく、周囲へ気づかいのできる女性です」

新郎が家業を継ぐ場合

自己紹介とお礼

ご紹介にあずかりました、新郎の父、里田正雄《さとだまさお》でございます。

本日は連休中にもかかわらず、お越しいただきまして誠にありがとうございました。

皆様のおかげで素晴らしい披露宴を行うことができました。里田家・中《なか》田《た》家を代表いたしまして、厚く御礼《おんれい》を申し上げます。

また、ご媒酌《ばいしゃく》の労をお執《と》りいただきました、中岡幹彦《なかおかみきひこ》様ご夫妻には、大変お世話になりました。おふたりのお力添えなしでは、本日の披露宴は執り行えなかったと思います。心より感謝いたします。

さて、私《わたくし》どもは○○市で団子屋を営んでおります。私で三代目となる店ですが、このたび息子の佑樹《ゆうき》が継いでくれることになりました。そして、

POINT 来てくれた招待客に感謝

披露宴を連休中や年末に行った場合は、わざわざ来てくださった招待客に気づかいのひと言を述べます。

POINT 家業の紹介を簡単にする

どんな店を営んでいるか、どこにあるか、どれくらい続いているか、など家業の簡単な紹介を招待客にします。

スピーチTime 約2分

新郎新婦に感謝を伝えてあたたかな謝辞に

家業を継いでくれることを、この場をかりて素直に感謝しましょう。また、家業のこれからの発展を期待するひと言を述べます。

話し方アドバイス

① 素直に喜びを伝える
② 息子夫婦をねぎらう言葉を力強く述べる

エピソードや親の思い

咲子《さきこ》さんというすてきなお嫁さんも店の一員となってくれることになり、私も妻もうれしい限りです。

咲子さんにとっては、自営業の家に嫁に入ることも、団子屋で働くことも、難しい決断だったと思います。しかし、咲子さんは「私、お団子が大好きなんです。お団子屋さんで働けるなんて幸せです」と言ってくれました。咲子さん、息子とともに店に来てくれてありがとう。ふたりになら安心して店を任せられます。

結びの言葉

長くなりましたが、皆様のいっそうのご多幸《たこう》をお祈りいたしまして、私からの挨拶とさせていただきます。ありがとうございました。

アドバイス　継いでくれる新郎新婦に感謝を

結婚して家業の発展に尽力してくれる新婦には、とくに誠心誠意、お礼を伝えましょう。

POINT　招待客のこれからを気づかう

「皆様のさらなるご発展をお祈りしまして」
「末永いご多幸《たこう》を祈念《きねん》いたしまして」

第4章　謝辞

謝辞
新郎の父
⑤

新郎の母が他界している場合

自己紹介とお礼

新郎の父であります、三木弘行《みきひろゆき》でございます。本日は三木家、寺島《てらしま》家の結婚披露宴にお越しいただきまして、誠にありがとうございました。僭越《せんえつ》ながら、両家を代表してご挨拶をさせていただきます。

祝辞《しゅくじ》へのお礼

本日、こうして数多くの方《かた》にお越しいただきまして、心より感謝申し上げます。皆様から多くのうれしいお言葉をいただいて、ありがたい限りでございます。

エピソードや親の思い

さて、皆様もご存じの通り、私《わたくし》の妻は病気で他界しております。拓真《たくま》は9歳、まだ母親に甘えたい年頃だったでしょう。しかし、拓真は強い子で、私を元気づけることさえしてくれました。あのとき、拓真がいてくれなければ、私はすぐには立ち直れなかったことでしょう。

POINT 暗い雰囲気になりすぎないように

故人のことを話すときは、涙を誘う話や苦労話は避け、お祝いの席にふさわしい挨拶を意識しましょう。

言いかえ 新郎の母親が亡くなっているとき

「妻の幸恵《ゆきえ》が故人となって、早いもので10年経ちました」
「拓真の母親が天国に旅立ったのは10年前です」

スピーチTime
約2分

妻が天国へ旅立って、男手ひとつで今日《こんにち》まで拓真を育ててまいりました。不器用ながらも父と息子、二人三脚で歩んできましたが、今日から英《え》梨《り》さんという明るく聡明《そうめい》なパートナーが拓真とともに歩んでくれます。拓真には天国にいる妻の分まで、英梨さんと幸せになってほしいと心より願っております。

今後の支援のお願い

勝手なお願いではございますが、ご来場いただいた皆様、どうかこれからも新郎新婦をあたたかくお見守りください。そして、かわらぬお付き合いをどうぞよろしくお願いいたします。

結びの言葉

本日は誠にありがとうございました。

POINT ふたりの結婚を素直に喜ぶ

「亡き妻も喜んでいるでしょう」など故人も含めて、ふたりの新たな門出を喜ぶひと言を入れましょう。

アドバイス 亡き母との思い出を入れても

存命中の母と新郎のエピソードなどを入れると、感動的な雰囲気になるでしょう。

おめでたい日に適した挨拶を心がける

おめでたい日なので、他界した理由や湿っぽいエピソードはできるだけ避け、ふたりの晴れの日を素直に喜びましょう。

話し方アドバイス

① 暗い雰囲気にならないように注意する
② 最後は明るく前向きなムードで締める

謝辞
新郎の父 ⑥

新婦の父が他界している場合

自己紹介とお礼

新郎の父の、岩田武《いわたたけし》でございます。

本日は連休中にもかかわらず、新郎新婦のためにご列席《れっせき》いただきまして、ありがとうございました。皆様からあたたかいお言葉を受け、今日という日がより素晴らしいものとなりました。心より感謝申し上げます。

エピソードや親の思い

先ほどもお話にあったように、新婦・由衣《ゆい》さんのお父様は、彼女が10歳の頃に故人となっております。由衣さんはお父様のことが大好きだったと聞きました。どれほど悲しかったことでしょう。

また、由衣さんと渉《わたる》くんをおひとりで育てたお母様の努力と苦労は計《はか》り知れません。しかし、お母様の愛情により、ふたりともこのようにとても立派に成長しました。きっと天国にいるお父様も、今日の由衣さんの花嫁

POINT 新婦の母親を気づかうひと言

新婦の父親が亡くなったことについては詳しくは話さず、新婦の母親が女手ひとつで育て上げたことをねぎらいましょう。

言いかえ 招待客から祝辞《しゅくじ》を受けて

「新郎新婦にとって、大きな励みとなったでしょう」
「両家親族一同、感謝の気持ちでいっぱいであります」

スピーチTime 約2分

姿をうれしく思っているでしょう。

今日から大輔《だいすけ》が、由衣さんのことを一生をかけて守っていきます。頼りないところもありますが、由衣さんを愛し、大切に思う気持ちはだれにも負けないと思います。私《わたくし》どもも由衣さんのお母様とともに若いふたりを支《ささ》えていきますので、どうか安心してお任せください。

今後の支援のお願い

今日ご出席いただいた皆様も、いままでとかわらぬご指導、お付き合いをよろしくお願いいたします。

結びの言葉

簡単ではありますが、皆様のよりいっそうのご活躍をお祈りして、私からの挨拶とさせていただきます。本日はありがとうございました。

新郎新婦のこれからに期待する言葉を

故人を偲びつつも、暗い挨拶にならないよう注意します。故人の話だけでなく、新郎新婦の今後についても話しましょう。

話し方アドバイス

① 新婦を気づかい、しっとりした言い方で話す

② 新婦をこれからは息子が守っていくと力強く述べる

POINT 結びは前向きな言葉で

暗い雰囲気になりがちですが、最後はふたりの未来が明るいものになるよう、前向きな言葉で締めます。

アドバイス 両親が離婚してひとり親のとき

ひとり親である理由が死別ではない場合は、とくに詳しくふれる必要はありません。

謝辞
新郎の父 ⑦

息子夫婦と同居する場合

自己紹介とお礼

本日はご多用《たよう》の中にもかかわらず、中島《なかじま》家、佐々木《ささき》家の結婚披露宴にお越しいただきまして、誠にありがとうございました。

先ほど紹介にあずかりました、新郎の父、中島史郎《しろう》でございます。両家を代表いたしまして、ひと言ご挨拶をさせていただきます。

エピソードや親の思い

さて、今日からふたりの新しい生活がはじまります。ご存じの方《かた》もいらっしゃると思いますが、このたび、私《わたくし》どもと息子夫婦は同居することとなりました。私どもからすれば、こんなにうれしいことはありませんが、若いふたりには重荷になるのではと思いました。しかし、ありがたいことに、浩史《ひろし》も香菜《かな》さんも笑顔で快諾《かいだく》してくれました。

妻は香菜さんのことを娘ができたかのようにかわいがっておりますの

POINT 同居することへの素直な喜びを言う

同居が決まったことへの率直な感想を述べます。また、母親やほかの家族の反応もあわせて言うと、和やかな雰囲気に。

言いかえ 新郎新婦と同居することを報告

「息子夫婦と同じ屋根の下で暮らすことになりました」
「二世帯住宅を建て、息子夫婦と同居することになりました」

スピーチTime 約2分

で、同居が決まったときから子どものように喜んでいました。浩史の弟の友和《ともかず》も優一《ゆういち》も、香菜さんには大変、なついておりますので、中島家一同、香菜さんが来てくれることを心待ちにしています。

同居とはいっても、いわゆる二世帯住宅ですので、新郎新婦のご友人の皆様もお気軽にお越しくださいませ。

今後の支援のお願い

では、これからも若いふたりへのご指導、ご鞭撻《べんたつ》をどうぞよろしくお願いいたします。

結びの言葉

本日は十分なおもてなしもできませんでしたが、長い間お付き合いいただいて、誠にありがとうございました。

同居する喜びを招待客に伝える

招待客に同居することを報告し、喜びをありのまま伝えます。新郎新婦の友人への気づかいも忘れないよう、注意します。

話し方アドバイス

① 素直な喜びを表現する
② 新婦の家族に配慮し、浮かれすぎには注意

アドバイス 新郎新婦の友人にも配慮

親との同居は、新郎新婦の友人にとっては遊びに来づらいので、気づかいのひと言を。

言いかえ 家族で同居を待ちわびている

「妻は兼ねてから同居が夢でしたので」
「これから、より楽しい日々が送れると思います」

謝辞
新郎の父
⑧

新郎が子連れで再婚する場合

自己紹介とお礼

皆様、本日は新郎新婦のために結婚披露宴へご臨席《りんせき》いただきまして、誠にありがとうございました。

ご紹介にあずかりました新郎の父、小野雄二《おのゆうじ》でございます。僭越《せんえつ》ながら、挨拶をさせていただきます。

エピソードや親の思い

皆様もご存じの通り、達也《たつや》の先妻《せんさい》は、達也と幼い優子《ゆうこ》を残して天国へ旅立ちました。それから私《わたくし》どもは母親のいない寂しさを感じさせないようにと、深い愛情をもって優子を育ててまいりました。しかし、やはり何かと苦労することも多く、母親がわりになることは私どもではできないのかと思っていたところに、涼子《りょうこ》さんが来てくれました。

涼子さんは優子の通う幼稚園の先生です。そのため、優子も彼女になつ

アドバイス 子どもと新婦の仲を話す

とくに子どもが最初は打ち解けていなかった場合は、気持ちの移りかわりを話すと感動的になります。

言いかえ 理由が死別の場合

「ご承知の通り、達也には5歳の娘がひとりおります。先妻《せんさい》は3年前に、病気で天国へ先立ちました」

スピーチTime 約2分

いており、私どもから見ると本当の母娘《おやこ》のようです。なので、涼子さんが優子の母親になり、今日という日を迎えられて、うれしさと安心した気持ちでいっぱいです。

涼子さん。初婚であるにもかかわらず、子連れの達也との結婚を決めてくれて本当にありがとう。優子の母親になることは難しい決断だったでしょうが、涼子さんなら安心して優子を任せられます。また、涼子さんのご両親には結婚を許していただいたことを、心より感謝申し上げます。

結びの言葉

本日は至らない点もあったと思いますが、ご出席を誠にありがとうございました。これからもどうぞよろしくお願いいたします。

POINT 新婦に感謝の気持ちを

結婚を決意してくれた新婦に感謝を伝えます。新婦の両親にもひと言述べると丁寧です。

言いかえ 親子3人の今後をお願い

「新しい門出を迎えたばかりの親子3人を、これからもどうぞあたたかく見守ってくださいますようお願いします」

新婦と新婦の両親に感謝を伝える

とくに相手が初婚の場合は、丁寧にお礼を伝えます。子どもと新婦の仲のよさを話すと、あたたかい挨拶になります。

話し方アドバイス

① 母親になってくれる新婦に感謝の言葉を述べる
② 新婦の両親にひと言述べるときは視線を向ける

謝辞
新郎の父 ⑨

年の差婚の場合

スピーチTime 約2分

自己紹介とお礼

ご紹介にあずかりました、新郎の父、佐藤克夫《さとうかつお》でございます。

皆様、本日はお天気に恵まれない中、結婚披露宴にお越しいただいて、誠にありがとうございました。佐藤、福島《ふくしま》両家を代表いたしまして、ご挨拶をさせていただきます。

祝辞《しゅくじ》へのお礼

本日は、ご出席いただいた皆様から数多くのお祝いのお言葉をいただきました。新郎新婦にかわって厚く御礼《おんれい》申し上げます。皆様からいただいたお言葉を胸に、ふたりも今日から新たな人生を歩んでいけると存じます。

エピソードや親の思い

さて、先ほどもお話にありました通り、諒一《りょういち》と真央《まお》さんは15歳も年齢が離れております。諒一は今年で40になりますが、今まで仕事に打ちこんでばかりで全く結婚に縁がありませんでした。そんな諒一が真央さんとい

POINT 結婚が遅れた理由は短くまとめる

新郎が今までひとり身だった理由は詳しくは述べず、軽くふれる程度にとどめます。マイナスの発言は避けましょう。

言いかえ 天気が雨だったとき

「今日はあいにくの天気ですが、雨降って地固《じかた》まるといいますから、ふたりの仲もよりよくなることでしょう」

う、料理上手で心あたたかい女性に巡《めぐ》り会えうことができまして、感無量《かんむりょう》でございます。

最初に彼女の年齢を聞いたときは、もちろん驚きましたし、真央さんのご両親にも申し訳ないと思いました。しかし、ふたりの真剣な気持ちを聞いて、あたたかく見守り、応援しようと心に決めました。

真央さんのご両親には結婚を許していただいて、本当に感謝しております。心配なこともあるでしょうが、真央さんのことは諒一が必ず幸せにします。お集まりの皆様もどうぞ見守っていてください。

本日は誠にありがとうございました。

結びの言葉

若い新婦を気づかう挨拶に

年の離れた結婚を認めてくれた新婦の両親に配慮し、若い新婦を立てた内容にして、感謝の言葉を入れた挨拶にします。

話し方アドバイス

① 新婦の両親にひと言述べるときは視線を向ける
② ユーモアを混ぜて新郎を謙遜する言い方をしても

アドバイス 新郎を謙遜した言い方

「諒一にはもったいないくらいのすてきな女性です」
「立派な真央さんには釣り合わないと思いますが」

POINT 新婦の両親へ気づかいのひと言

結婚を認めてくれたことに感謝を述べるとともに、新郎が必ず幸せにすると宣言します。

謝辞
新郎の父
⑩

新婦が妊娠している場合

自己紹介とお礼

本日はあいにくのお天気の中、ご足労《そくろう》いただきまして誠にありがとうございました。遠方からお越しくださった皆様もいらっしゃると聞いております。心より感謝申し上げます。

ご紹介いただきました、新郎の父、神尾明《かみおあきら》であります。僭越《せんえつ》ながら、簡単にご挨拶をさせていただきます。

エピソードや親の思い

皆様もご存じかとは思いますが、新婦・愛子《あいこ》さんのおなかには新しい命が宿《やど》っております。今年の秋には私《わたくし》どもも初孫の顔が見られるということで、今から対面することが楽しみで仕方がありません。愛子さんのご両親にとっても初孫ですので、両家一同、初孫を抱《だ》く日を夢見て、一日千秋《いちじつせんしゅう》の思いで心待ちにしております。

言いかえ 遠方から来た招待客にひと言

「遠いところをありがとうございました」
「遠路いとわず、お運びいただき、厚く御礼《おんれい》申し上げます」

NG 授かり婚を恥じる言葉は禁物

最近、授かり婚は増えているので、「親として恥ずかしい」などのマイナスイメージの言葉は避けるようにします。

スピーチTime
約2分

赤ちゃんを授かった喜びをこめる

孫の誕生が待ち遠しい気持ちを素直に招待客に伝え、あたたかい謝辞にしましょう。新郎新婦へのアドバイスも忘れずに。

話し方アドバイス

① 赤ちゃんの誕生を待ちわびる言葉を明るく言う
② 子育ての楽しさを述べて和やかな雰囲気に

真司《しんじ》は、よりいっそう、仕事に励んでおり、親としての自覚ができたように思えます。ふたりで育児本などを読んで、準備している姿を見ていると心強い限りです。

今後の支援のお願い

とはいえ、はじめての子育てに若いふたりが臨《のぞ》むとなると、悩むこともあるでしょう。マニュアル通りにはいきませんから、経験することで親として成長してほしいと思います。私どももできる限りのサポートはしていきますが、ご臨席《りんせき》の皆様も若いふたりにご指導、ご鞭撻《べんたつ》をよろしくお願いいたします。

結びの言葉

本日は長いお時間、誠にありがとうございました。

言いかえ　子どもを授かった新郎新婦の喜びを

「もう赤ちゃんの名前を考えています」
「私どもに子育てについて熱心にたずねてきます」

アドバイス　先輩としてのアドバイスを

子育てをした先輩として、新郎新婦にアドバイスをします。ただし、ネガティブな発言は禁物です。

謝辞
新郎の父
⑪

子どもが生まれたあとに行う場合

自己紹介とお礼

本日はご臨席《りんせき》いただきまして、誠にありがとうございました。このように多くの方《かた》にいらしていただいて、心よりありがたく思います。
新郎の父、山口和夫《やまぐちかずお》でございます。両家を代表いたしまして、ひと言、皆様にお礼を申し上げます。

祝辞《しゅくじ》へのお礼

先ほどから皆様に数多くのご祝辞《しゅくじ》をいただきまして、大変うれしく存じます。新郎新婦にとっても大きな励みとなることと思います。

エピソードや親の思い

さて、先ほどのお話にもありましたが、健《けん》と亜紀《あき》さんは昨年の2月5日に入籍をすませております。その頃に亜紀さんのおなかには新しい命が宿《やど》っているとわかり、皆様にもすぐに結婚を報告したかったのですが、亜紀さんの体調を考え、披露宴は子どもが生まれてからとなりました。

POINT 入籍などの報告をする

まずは挨拶の冒頭で、入籍や妊娠、披露宴が遅れた理由などについて、招待客に報告をします。

アドバイス 生まれた子どもの成長ぶりを話す

子どもがいつ生まれて、現在何歳なのかを報告するとともに、「歩けるようになった」など成長ぶりを話すと和やかに。

スピーチTime 約2分

昨年の9月9日に誕生した長男、翔太《しょうた》はもうすぐ1歳になり、家族全員の愛情を受けて順調に育っております。私《わたくし》どももいまは初孫の成長が何よりの幸せでございます。

今後の支援のお願い

ご列席《れっせき》の皆様には、子どもの誕生と結婚披露宴が逆になり、ご心配をおかけして大変申し訳ございませんでした。しかし、皆様にはこれからも若いふたりをあたたかく見守っていただき、かわらぬお付き合いをお願いしたいと存じます。

結びの言葉

本日は何かと至らないことばかりでしたが、このような結婚披露宴が開催でき、本当にうれしく思います。誠にありがとうございました。

POINT 招待客にお詫びをする

披露宴が遅れたこと、心配をかけたことを謝罪します。あわせて、今後の付き合いをお願いします。

アドバイス 親になって成長したふたり

「親としての自覚が出て責任感が強くなった」など新郎新婦の成長を話すのもおすすめです。

誠意をもって招待客に感謝を伝える

入籍の時期や子どもの報告は表情を引き締めて伝えましょう。披露宴が遅れたことに対するお詫びの言葉を忘れずに。

話し方アドバイス

① 入籍と子どもが生まれた報告は真摯《しんし》な態度で
② 誠意をこめて感謝を伝える

結婚後に海外転勤する場合

自己紹介とお礼

新郎の父、武《たけ》井《い》雅《まさ》彦《ひこ》でございます。本日は、新郎新婦のためにお越しいただきまして、誠にありがとうございました。

皆様からたくさんのうれしいお言葉をいただいて、新郎新婦はもとより私《わたくし》たち両親、親戚一同心より感謝申し上げます。

また、本日、ご媒酌《ばいしゃく》の労をたまわりました林洋平《はやしようへい》様ご夫妻には、婚約の儀《ぎ》から今日《こんにち》まで本当にお世話になりました。厚く御礼《おんれい》申し上げます。

エピソードや親の思い

先ほど、守《まもる》の上司である、部長の秋本鉄也《あきもとてつや》様からもお話があったように、守は来月からアメリカの支社へ転勤になります。息子は、海外で生活を送るのははじめての体験ですが、美乃里《みのり》さんは学生時代、アメリカに留学した経験がある才女ですので、美乃里さんがついているなら心配はない

POINT 海外へ転勤になったことを報告

はじめて聞く招待客もいるので、まずは海外転勤を報告します。職業とあわせて、経緯を簡単に説明しても。

アドバイス 新婦をほめるひと言を

新婦の人柄をほめるとともに、海外にいっしょに行ってくれることについて、ねぎらいの言葉を述べるとよいでしょう。

スピーチTime
約2分

今後の支援のお願い

と思っております。

海外での暮らしは、容易なものではなく、思うように行かないこともあると思います。お集まりの皆様にはよりいっそうのご指導、ご鞭撻《べんたつ》をよろしくお願いいたします。どうかこれからも、ふたりをあたたかく見守っていただければ幸いです。

結びの言葉

結びになりましたが、皆様の今後のご健勝をお祈りいたしまして、私からの挨拶とさせていただきます。

本日は、行《ゆ》き届かぬ点もたくさんあったと思いますが、長時間に渡り、お付き合いいただきまして、誠にありがとうございました。

言いかえ　招待客に今後の付き合いをお願い

「遠いところに行ってもかわらぬお付き合いを」
「距離に関係なく、今後もお付き合いを」

NG　ネガティブな発言は避ける

どんなに寂しく思っても、「寂しくなる」や「ときどきは帰国してほしい」などの発言は控えます。

明るい言葉でふたりを送り出す

海外転勤を不安に思う気持ちは新郎新婦のほうが強いので、労をねぎらう言葉をメインにして謝辞を述べましょう。

話し方アドバイス

① ネガティブな表現や発言は避ける
② 転勤する場所や経緯は正確に伝える

国際結婚の場合

自己紹介とお礼

ご紹介にあずかりました、新郎の父の森田和彦《もりたかずひこ》でございます。

本日は暮れの押し迫った中、新郎新婦のためにお越しいただきまして、誠にありがとうございました。

祝辞《しゅくじ》へのお礼

こんなに多くの方《かた》にご参加いただきまして、心より感謝申し上げます。

また、お祝いのお言葉もたくさんいただき、両家親族一同、よりいっそうの励みになります。

エピソードや親の思い

エミリーさんは陽平《ようへい》の大学に留学生として通っており、そこで陽平と出会いました。彼女は日本語を勉強するために留学しておりましたので、日本語は何不自由《なにふじゆう》なく話せます。

こちらにいらっしゃいますブラウンご夫妻は、本日のためにイギリスか

POINT なれそめを軽く話す

新郎新婦が出会った経緯を招待客に軽く説明します。新婦がどの程度、日本語を話せるかも招待客に報告を。

言いかえ 年末に使える挨拶

「あわただしい師走となり」
「年の瀬にもかかわらず」
「師走に入って一段と寒くなりましたが」

スピーチTime 約2分

ら来日されました。大切な娘さんが生まれ育った国を離れ、異国で暮らすことを許してくださり、誠にありがとうございます。エミリーさんのことは陽平が一生をかけて幸せにしますので、ご安心ください。

国際結婚ではありますが、文化や言葉の壁を超えて結ばれたふたりなら、幸せな家庭を築いていくと思います。とはいえ、ふたりはスタートしたばかりです。皆様には、かわらぬご支援をよろしくお願いいたします。

つたない挨拶ではありましたが、両家を代表いたしまして私《わたくし》からのひと言とさせていただきます。本日は長いお時間お付き合いいただきまして、誠にありがとうございました。

今後の支援のお願い

結びの言葉

新婦の両親を気づかう（アドバイス）

「私も同じ親としてお気持ちは痛いほどわかります」などと思いやる言葉を述べましょう。

否定的な発言はNG（NG）

「私たちの時代では考えられなかった」など、国際結婚について否定するような発言は避けます。

新婦と新婦の両親の気持ちを考えて

外国から移住する新婦と、新婦の両親を思いやる挨拶にしましょう。外国から来てくれた招待客には気づかいのひと言を。

話し方アドバイス

① 明るく話し、新婦や新婦の両親の不安を取り除く

② 日本語でよいが、新婦の母国語でひと言加えても

第4章 謝辞

短い謝辞（フォーマル）

自己紹介とお礼

新郎の父、石澤隆明《いしざわたかあき》でございます。

本日は、ご多用《たよう》の中にもかかわらず、石澤家、西岡《にしおか》家の結婚披露宴にお越しいただきまして、誠にありがとうございます。僭越《せんえつ》ながら、両家を代表しまして、私《わたくし》からひと言ご挨拶をさせていただきます。

祝辞《しゅくじ》へのお礼

お越しいただきました皆様より、数多くのご祝辞《しゅくじ》をいただきまして、厚く御礼《おんれい》申し上げます。

また、とりわけ媒酌《ばいしゃく》の労をお執《と》りいただいた、吉村伸二《よしむらしんじ》様ご夫妻には誠にお世話になりました。心より感謝いたします。

結びの言葉

なにぶん未熟なふたりですので、ご臨席《りんせき》の皆様にはこれまで以上のご指導をお願いいいたします。本日は誠にありがとうございました。

アドバイス　短くてもかしこまった言葉を忘れずに

招待客や媒酌人へのお礼のほか、新郎新婦の今後をお願いするなど、必要最低限のことをまとめましょう。

基本の謝辞文例に付け加えてもOK

最も基本的な文例なので、これにエピソードを肉付けすれば、形式的でない挨拶に。

スピーチTime
約1分

短い謝辞（カジュアル）

自己紹介とお礼

新郎の父、齋藤一郎《さいとういちろう》でございます。

本日はあいにくのお天気の中、新郎新婦のためにお集まりいただきまして、誠にありがとうございました。

エピソードや親の思い

今日は、レストランウエディングという披露宴ではありましたが、皆様のおかげで心から楽しむことができました。カジュアルな披露宴にしたいという新郎新婦の要望にお付き合いいただいて、皆様には本当に感謝いたします。

結びの言葉

お集まりの皆様、どうかこれまで同様、ふたりが悩んだ際には、叱咤激《しったげき》励《れい》していただければ幸いです。簡単ではございますが、私《わたくし》からのご挨拶とさせていただきます。本日は誠にありがとうございました。

言いかえ 結びの言葉はくだけないように

「結びの言葉とさせていただきます」
「両家のご挨拶とさせていただきます」

招待客に感謝する言葉を入れる

カジュアルな披露宴を認め、参加してくれた招待客にお礼を言います。

スピーチTime 約1分

謝辞
新郎の父
⑯

短い謝辞（新婦の親も挨拶する場合）

自己紹介とお礼

本日はご多用《たよう》の中、誠にありがとうございました。ご紹介にあずかりました、新郎の父の大戸勲《おおといさお》でございます。

祝辞《しゅくじ》へのお礼

また、たくさんのあたたかなお言葉をいただいて、心より感謝申し上げます。皆様のおかげで今日という日を迎えられたのだと思います。

エピソードや親の思い

先ほどご紹介にもあった通り、新郎の良樹《よしき》と新婦の華《はな》さんは同じ部署の同期です。入社以来、仕事でもプライベートでもお互いを支《ささ》え合ってきたふたりならば、これからどんなことがあっても、支え合いの気持ちを忘れないことと思います。

支援のお願いと結び

皆様、これからもふたりをどうか、末永く見守ってください。では、華さんのお父上からもひと言よろしくお願いいたします。

アドバイス

ふたりのテーマを統一しても

たとえば、新郎の父は新婦をほめ、新婦の父は新郎をほめるというようにふたりの中で統一をとってもよいでしょう。

ふたりの内容がかぶらないように注意

事前にふたりで何を話すか確認をし、挨拶の内容が重ならないよう注意します。

スピーチTime
約1分

短い謝辞（新郎の母が他界している場合）

自己紹介とお礼

ご紹介にあずかりました、新郎の父、高田龍彦《たかだたつひこ》でございます。

本日は新郎・英人《えいと》、新婦・麻里子《まりこ》のためにお集まりいただきまして、誠にありがとうございました。

エピソードや親の思い

皆様もご存じの通り、英人の母は5年前に病気で他界しました。英人は、早すぎる旅立ちにとてもショックを受けておりました。そんな英人をずっと支《ささ》えてくれたのが麻里子さんです。彼女のような心やさしい女性を伴侶《はんりょ》に迎えることができ、天国にいる妻も大変喜んでいるでしょう。

今後の支援のお願い

そうはいっても未熟なふたりですので、ご来賓《らいひん》の皆様にはこれからもかわらぬご指導、ご鞭撻《べんたつ》をどうぞよろしくお願いいたします。

結びの言葉

本日は誠にありがとうございました。

言いかえ　故人も含めて結婚を祝福する

「妻は英人の結婚を心配していましたから、麻里子さんのような女性を迎えられて、ようやく安心できたでしょう」

故人については軽くふれる程度に

新婦が新郎を支えてくれた話など新婦の人柄が伝わるエピソードを優先しましょう。

スピーチTime　約1分

謝辞
新婦の父
①

フォーマルな謝辞

自己紹介とお礼

新婦・貴子《たかこ》の父、大島辰郎《おおしまたつろう》でございます。本来ならば、私《わたくし》がご挨拶する立場ではございませんが、新郎の父上の名代《みょうだい》として、僭越《せんえつ》ながら両家を代表してご挨拶させていただきます。

皆様には、休日の貴重なお時間の中、新郎・信彦《のぶひこ》君と新婦・貴子のためにお運びいただきまして、誠にありがとうございました。

祝辞《しゅくじ》へのお礼

本日、藤川幸夫《ふじかわゆきお》部長ご夫妻のご媒酌《ばいしゃく》のもと、結婚の儀《ぎ》を執《と》り行うことができました。これも、藤川部長ご夫婦をはじめ、ふたりを見守ってくださった皆様のご支援のたまものでございます。心から感謝申し上げます。

先ほどから、心のこもったお祝いや励ましのお言葉をたまわり、私どもとしましては身に余る光栄と存じ、心より感謝いたしております。

POINT お礼を述べる相手を見て

媒酌人や招待客へ向けてお礼を言うときは、その人のほうへそれぞれ体を向け、顔を見て話します。

言いかえ 招待客に加え、恩人など特定の人にお礼

「遠路いとわず、ふたりのためにお越しいただきました奥谷有《おくやゆう》先生には、心よりお礼申し上げます」

スピーチTime 約2分

エピソードや親の思い

こうしてふたりの幸せそうな晴れ姿を見ておりますと、本当にご縁の深さと不思議さを感じております。これから先の長い時間を夫婦ふたり、手を取り合って歩んで行くわけですが、世間知《せけんし》らずなところがございますので、親としての心配の種《たね》はつきません。

今後の支援のお願い

社会経験も未熟なふたりでございますので、ご臨席《りんせき》の皆様にはどうかいままで以上のご指導、ご鞭撻《べんたつ》をいただきますよう、お願い申し上げます。

もてなしの不備のお詫び

皆様には、十分なおもてなしができず、行《ゆ》き届かなかった点も多くあったかと思いますが、ご容赦《ようしゃ》いただけましたら幸いです。

結びの言葉

本日は誠にありがとうございました。

言いかえ　お詫びの言葉を言いかえて

「本日はお見苦しい点も多くあったのではないかと存じます。何卒《なにとぞ》お許しください」

アドバイス　ふたりへ贈る言葉に

謝辞が長くなる場合は、親の思いをふたりに贈る言葉にし、全体をすっきりさせます。

フォーマルな謝辞はお礼を丁寧に

新郎の父親の謝辞と同様に、招待客や媒酌人、祝辞を述べてくれた人へのお礼や、今後の支援へのお願いを中心に行います。

話し方アドバイス

① ときどき間をおいてゆっくりと読む
② 名前のよび方は事前に確認し、発音よく言う

謝辞
新婦の父
②

カジュアルな謝辞

自己紹介とお礼

ご紹介にあずかりました新婦の父、根本寛三《ねもとかんぞう》でございます。本日は達也《たつや》君と梓《あずさ》のために、たくさんの方《かた》にお集まりいただきまして、誠にありがとうございました。

祝辞《しゅくじ》へのお礼

また、先ほどからあたたかなご祝辞《しゅくじ》、そして感動的な余興もご披露いただきまして、ありがとうございます。ふたりは、たくさんのすてきなお友達に囲まれていることを感じ、親としても感謝の念でいっぱいです。

エピソードや親の思い

皆様ご承知の通り、新郎新婦は3歳頃からの幼なじみです。達也君はわが家によく遊びに来ておりましたが、その頃からしっかりとした少年で、お転婆《てんば》な娘をときにはしかり、ときにはなぐさめ、守ってきてくれました。彼ほど娘を安心して任せられる男はおりません。

NG 全員に様子の伝わるエピソードで

ふたりの関係性に詳しくない人がいる場合もあるので、あまりにも身内にしかわからない内容は向きません。

言いかえ 新郎新婦の友達にお礼をするとき

「本日の結婚披露宴は、お友達の皆様の協力なしではできませんでした。ここに御礼《おんれい》申し上げます」

スピーチTime
約2分

梓は今日という日を指折り数えて待っていました。しかし、いちばん待ちわびていたのは、間違いなく私《わたくし》でしょう。

長い間一緒にいるふたりですから、これからどんな試練《しれん》が待ち受けていようとも、強い絆で乗り越えていってくれることと思います。

今後の支援のお願い

梓、達也君と力を合わせて幸せになるんだよ。皆様には夫婦ゲンカのときなどは、遠慮なくご助言をお願いいたします。

お詫びと結び

本日は至らぬところがありましたことをお詫び申し上げます。

結びになりましたが、皆様のご健康をお祈りいたしまして、ご挨拶とさせていただきます。本日はお暑い中、本当にありがとうございました。

NG プレッシャーを与えない

「孫の顔を早く見たい」などの希望はNGです。今後の成長の期待などの内容にします。

アドバイス 新郎の性格を交えて

新郎の人柄をほめることで、新郎との仲のよさや信頼関係がよく伝わり、印象に残るスピーチになります。

飾らない言葉で喜びを伝えて

レストランパーティや昔なじみの多い披露宴は、少しくだけた話のほうが場に合います。感謝の言葉はしっかりと入れます。

話し方アドバイス

① エピソードでは感情をこめて話す

② 口角を上げて明るい雰囲気を出す

謝辞
新婦の父
③

新郎の父に続いて挨拶する場合

自己紹介とお礼

祝辞《しゅくじ》へのお礼

エピソードや親の思い

新婦・柚香《ゆか》の父、児島孝明《こじまたかあき》でございます。私《わたくし》からもひと言、ご挨拶させていただきます。本日はご多用《たよう》のところ、ご臨席《りんせき》いただきましてありがとうございます。

先ほどまで、ご来賓《らいひん》の皆様からの熱いご祝辞《しゅくじ》や激励《げきれい》のお言葉を頂戴《ちょうだい》し、新郎新婦とともに感激いたしております。心から感謝申し上げます。

新郎の尚《なお》君にはじめて会ったのは、結婚の挨拶に来てくれたときでした。娘は就職をしてからというもの、仕事ばかりで結婚を考えていないのだろうかと、正直やきもきすることもありました。しかし、突然会わせたい人がいると連れてきたのが彼でした。

尚君はまっすぐ人の目を見て話す誠実な男性です。このような彼と結婚

NG ほめすぎるのは避ける

新郎親族や花嫁にとって、花嫁の父親から新郎がほめられるのはうれしいが、大げさすぎるとわざとらしくなります。

POINT さらに時間を取ることを詫びる

「新郎の父君《ちちぎみ》に引き続き、私からもお礼申し上げます。皆様の貴重なお時間をいただくことをご容赦《ようしゃ》ください」

スピーチTime
約2分

できる柚香は幸せ者だと思います。私は娘ばかり3人の子と妻の中にいて、酒を飲み交わせる息子がほしいと思っておりました。本日、尚君のようなすてきな息子ができ、本当にうれしい限りです。今後はふたりで笑顔の続く家庭を築いていってもらいたいと思います。

今後の支援のお願い

本日晴れて夫婦となった両名《りょうめい》ですが、まだ至らぬことも多いふたりでございます。皆様には今後とも尚君と柚香をあたたかく見守ってくださいますよう、心からお願い申し上げます。

結びの言葉

つたない挨拶となり、大変失礼いたしました。本日は誠にありがとうございました。

アドバイス　娘ばかりのことを引き合いに

新婦の父親として新郎を歓迎している様子が伝わり、心を和ませるエピソードになります。

POINT　最後の言葉は十分に

両家の挨拶の締めとなるので、最後のお詫びとお礼の言葉はしっかりと言いましょう。

新郎の父親との事前打ち合わせはきっちりと行う

新郎の父親と似たような内容にならないように、話し合いをしておきます。また、具体的なエピソードのほうが招待客が飽きません。

話し方アドバイス

① 最後のお礼は深くお辞儀をする
② 親の思いを語るときは新郎に笑顔を向ける

新郎の父が他界している場合

自己紹介とお礼

祝辞《しゅくじ》へのお礼

皆様、本日はご多用《たよう》のところ、吉田《よしだ》・相川《あいかわ》両家の結婚披露宴にご臨席《りんせき》をたまわりまして、誠にありがとうございます。ご紹介にあずかりました、新婦の父、相川新之介《しんのすけ》でございます。誠に僭越《せんえつ》でございますが、新郎の父《ちち》君《ぎみ》にかわりまして、私《わたくし》が両家を代表してお礼を述べさせていただきます。

本日皆様のおかげをもちまして、ふたりはめでたく夫婦になることができました。また、たくさんのご祝辞《しゅくじ》と激励《げきれい》のお言葉をいただき、両家一同、感激と喜びにあふれております。

ただひとつ、新郎の父君でございます文昭《ふみあき》氏がすでに他界されてしまって、この晴れの舞台にいらっしゃらないことが、残念で仕方がありません。ですが、きっと天国から今日という日を祝福し、今後のふたりを見守

言いかえ　新郎側に確認をとって

新郎側の上司や恩人など、とくにお礼を言いたい人がいるか確認し、いる場合は新郎の父親のかわりにお礼をします。

言いかえ　祝辞への感想を言いかえて

「今日から新しくスタートするふたりには、何よりもかけがえのない励みになったのではと思います」

スピーチTime
約2分

エピソードや親の思い

っていてくれると思います。

新郎の隆《たかし》君は自分の意見をしっかりともった頼もしい青年です。のんびり屋の亜梨沙《ありさ》をやさしくリードして、円満な家庭を築いていってくれると確信しております。

今後の支援のお願い

隆君、亜梨沙をよろしくお願いいたします。あわせて、吉田家の皆様、本日ご臨席たまわりました皆様には、ふたりのこれからをあたたかくご支援、ご指導いただきますよう、よろしくお願い申し上げます。

結びの言葉

結びとなりますが、皆様のご健康とご多幸《たこう》をお祈りいたしまして、ご挨拶とさせていただきます。

POINT 新郎の父親の気持ちになって

新郎の親族に配慮し、新郎の父親にかわって立派に成長した新郎のことをほめます。

アドバイス 娘を思う気持ちをプラスする

招待客だけでなく、新郎の親族にもお願いすることで、娘への愛情が表現できます。

故人の思いをくんで話す

故人である新郎の父親も、この日を一緒になって喜んでいるイメージで語ると、新郎側がさらに幸せな気分になるでしょう。

話し方アドバイス

① 故人について語るときはしんみりしない
② 新郎に話しかけるときは目を見て

謝辞
新婦の父
⑤

婿養子に迎える場合

自己紹介とお礼

本日は寒さの厳しい中、このように大勢の方《かた》にご臨席《りんせき》をたまわりまして、誠にありがとうございます。

新婦の父、高木雪人《たかぎゆきと》でございます。新郎、真藤大地《しんどうだいち》君を高木家に迎えるにあたり、僭越《せんえつ》ながら、私《わたくし》からひと言、ご挨拶申し上げます。

エピソードや親の思い

私どもの家は、60年以上続く肉屋です。商店街の一画にある小さな店でございますが、私の代で店を閉じるのは忍びなく思っておりました。大地君との結婚の話がもち上がったときに、私は「もしよければ、店を継いでくれないか」とお願いしたところ、快く引き受けていただけました。私と妻は手を取り合って喜びました。

皆様の前ではありますが、真藤家のご両親、ご親戚の皆様には、こちら

POINT 新婦の父親が両家の代表

新郎を婿養子として迎える場合は、新郎の父親ではなく新婦の父親が両家を代表して謝辞を述べます。

POINT 謝辞のときにさらにお礼を

改めてお礼をいうことで、招待客にも新郎側が承諾していることがわかります。また、感謝の気持ちも伝わります。

スピーチTime
約2分

のわがままを聞き入れてくださり、心より御礼《おんれい》申し上げます。
家業も家庭も、つねに陽《ひ》のあたる道をいくとは限りませんが、きっとふたりなら、明るい笑顔で、商店街でも話題の肉屋へと発展させてくれることと信じております。

今後の支援のお願い

とはいえ、まだ若いふたりでございます。これからの人生におきまして、大きな壁にぶつかることもあろうかと思います、そんなときは、ぜひとも正しい道へと導いてくださいますよう、お願いいたします。

結びの言葉

多くのお言葉をいただきましたご臨席の皆様にも改めて御礼申し上げ、私の挨拶とさせていただきます。

アドバイス 最後に再度お礼をしても

最初にお礼が少なかった場合は、最後にもう一度言葉を入れるとより心がこもります。

アドバイス 期待の言葉は家業を絡めて

家業を継いでもらう場合は、ふたりの評価と家業への期待を述べると流れに合います。

婿として迎える経緯を説明

婿養子に迎える背景を明らかにすると家業への思いと婿に入ってもらう喜びがより伝わります。親族側へ感謝の言葉を入れても。

話し方アドバイス

①婿養子の了承を得た場面はうれしそうに語る
②新郎親族へのお礼のあとにはお辞儀をする

ひとり娘の場合

自己紹介とお礼

ご紹介にあずかりました新婦・葉子《ようこ》の父、香坂勉《こうさかつとむ》でございます。新郎の千景《ちかげ》君の配慮により、ご挨拶の機会をいただきました。僭越《せんえつ》ながら、貴重なお時間を頂戴《ちょうだい》いたしまして、お話しさせていただきます。

祝辞《しゅくじ》へのお礼

本日、ふたりがこうして素晴らしい披露宴を開催できましたのも、ご媒《ばい》酌人《しゃくにん》の日高公徳《ひだかこうとく》様ご夫妻をはじめ、ご友人の皆様のおかげです。身に余る幸せに感謝の言葉もありません。

エピソードや親の思い

葉子は遅くに生まれたひとり娘です。いつか嫁がせる寂しさは覚悟しておりましたが、一日でも先であってほしいと毎日祈っておりました。いざこの日を迎えると、千景君のように溌剌《はつらつ》とした男性に巡《めぐ》り会えたうれしさと、初恋の人をとられたような悔《くや》しさで、何とも複雑な心境です。

NG 新郎についてひと言もふれない

娘の話が中心になるのは理解されますが、両家代表なので新郎について全く語らないのは、配慮が足りません。

POINT 人の名前は間違えないように

フルネームで、役職がある場合は役職名も入れるのが礼儀です。「部長様」のように役職に様づけは間違いです。

スピーチTime
約2分

結びの言葉　今後の支援のお願い

千景君、娘は気が強いけれど寂しがり屋なところがありますので、支《ささ》えてやってくれるとうれしいです。葉子、これからどんなことがあっても、ふたりで力を合わせて乗り越えていくんだよ。

ふたりが新しくスタートするこの日に、このように多くのお友達に駆けつけていただき、親としては喜ばしい限りです。今後も新郎新婦とかわらぬご交友《こうゆう》をいただけますよう、心からお願いいたします。また、織田《おだ》家のご親族の皆様には、まだ未熟者の娘ですが、末永いお付き合いの程、何卒《なにとぞ》よろしくお願い申し上げます。

簡単ではございますが、お礼の挨拶とさせていただきます。

アドバイス　娘への愛を表現する

新郎側にもお願いをすることで、娘への思いがきわ立ち、さらに感動的な印象になります。

言いかえ　披露宴の日を指す言いかえ

「新しい家庭の門出の」
「千景君・葉子夫婦の記念すべき船出の」
「ふたりの晴れの」

花嫁の父親の心境をストレートに表現

ひとり娘を嫁がせる父親は、うれしいような悲しいような複雑な心境です。それを素直に言葉にすれば、共感される謝辞に。

話し方アドバイス

① 複雑な心境のあとは喜びの表現を添える
② ゆっくりとした口調でやさしく話す

謝辞
新婦の父
⑦

新婦の母が他界している場合

自己紹介とお礼

三崎《みさき》、野田《のだ》の両家を代表いたしまして、ご挨拶させていただきます、新婦の父、野田祐輔《ゆうすけ》でございます。本日はあいにくの天候にもかかわらず、ご列席《れっせき》いただきまして、誠にありがとうございます。

祝辞《しゅくじ》へのお礼

司会の方《かた》からご紹介がありました通り、七海《ななみ》の母は10年前に故人となりました。主賓《しゅひん》の日本文芸大学教授の長谷川《はせがわ》裕樹《ゆうき》様をはじめ、本日お集まりいただきました皆様のおかげで、この晴れの日を迎えることができました。皆様にはどんなに感謝の言葉を申し上げても足りません。

エピソードや親の思い

七海は妻が他界してからというもの、弟や妹の面倒や家事など、苦労をかけてばかりでした。今日はそんな七海が新郎の京一《きょういち》君と幸せそうに笑い合っている姿を見ることができ、ほっと胸をなでおろすと同時に、感激で

アドバイス　今までの助けにお礼をする

ひとり親の場合、さまざまな協力と理解を周りから得て生活しています。謝辞の場で改めてお礼を言います。

NG　天候が悪いことの表現に注意

言いがちな「天気が悪い」や「お足元が悪い中」はNGです。結婚式では「悪い」という言葉は言いかえます。

スピーチTime
約2分

心がいっぱいです。誰よりも娘のことを心配していた天国の妻も、京一君のようなすてきな伴侶《はんりょ》と出会えたことを何より喜んでいることでしょう。

これから長い結婚生活のうちには、あらゆるできごとがあると思います。そんなときは、たくさんのすてきな仲間に祝福されたこの日を思い出して、末永く明るく楽しい家庭を築いていってほしいと思います。

今後の支援のお願い

皆様には改めて感謝いたしますとともに、何卒《なにとぞ》、今後もかわらぬお力添えをいただきたく存じます。

お詫びと結び

本日は何かと不行《ふゆ》き届きな点もあったかと存じますが、どうかお許しください。ありがとうございました。

思いを語りつつ感謝の心を忘れない

今まで支えてくれた感謝の気持ちや、娘を無事に嫁がせることのできた安心感を中心にすると、心打つスピーチとなるでしょう。

話し方アドバイス

① 感傷的すぎる表現や発言は避ける
② エピソードに喜びをこめて語る

言いかえ　支えの言いかえ

「皆様からいただいた、たくさんのあたたかなご祝辞や励ましの言葉を糧《かて》として乗り越えていって」

NG　忌み言葉は使用しない

結婚式では「死ぬ」、「亡くなる」「倒れる」、「失う」、「患う」などは使ってはいけません。

短い謝辞（フォーマル）

自己紹介とお礼

新婦の父、神崎始《しんざきはじめ》でございます。本日はご多用《たよう》の中、大輝《だいき》君と桜《さくら》の結婚披露宴にこのように多くの方《かた》にご出席いただきまして、誠にありがとうございます。両家を代表いたしまして、ひと言ご挨拶を申し上げます。

祝辞《しゅくじ》へのお礼

先ほど心のこもった、たくさんのご祝辞《しゅくじ》をいただき、厚く御礼《おんれい》申し上げます。とりわけご媒酌人《ばいしゃくにん》の森和夫《もりかずお》部長ご夫妻には、大変お世話になりました。心より感謝しております。

今後の支援のお願い

晴れてふたりは夫婦になったわけですが、これからの人生は決して平坦ではないでしょう。今後ともかわらぬお力添えをお願い申し上げます。

お詫びと結び

宴席におきましては、至らぬ点もあったかと存じますが、何卒《なにとぞ》お許しください。本日はありがとうございました。

言いかえ　不備のお詫びの言いかえ

「本日はせっかくお越しいただきながら、格別なおもてなしもできず、申し訳ございません」

短いながらもお礼の言葉をしっかりと

お礼と支援のお願いをふまえた基本パターンで、どの場合でも応用しやすいでしょう。

スピーチTime
約1分

謝辞
新婦の父
⑨

短い謝辞（親の思いを述べる）

自己紹介とお礼

新婦の父、山下哲也《やましたてつや》でございます。本日はあいにくの雨にもかかわらず、ご出席いただき誠にありがとうございます。しかし、ジューンブライドは幸せになると申します。空もふたりの門出を祝ってくれているのでしょう。

祝辞《しゅくじ》へのお礼

このような盛大な披露宴を催《もよお》すことができましたのも、ふたりを支《ささ》えてくださっている皆様のおかげと心より感謝いたします。

エピソードや親の思い

新郎の朋也《あきや》さんは心やさしく包容力のある青年です。穏《おだ》やかな笑顔で、隣にいる愛理《あいり》の姿を見て、新婦の親といたしましても、本当に素晴らしい方《かた》に恵まれたと非常に喜んでおります。

支援のお願いと結び

本日ご臨席《りんせき》たまわりました皆様には、若いふたりをあたたかく見守っていただきますようお願いいたして、私《わたくし》からのご挨拶とさせていただきます。

言いかえ　仲人がいる場合のお礼

「娘にこのように素晴らしい男性をご紹介くださいました人事部長の二宮幹《にのみやかん》様には、心から感謝申し上げます」

やさしい言葉で父親の気持ちを語る

最愛の娘の幸せを喜ぶ父親の気持ちを、やわらかな言葉で伝えます。

スピーチTime
約1分

謝辞
新郎の母①

新郎の父が出席できない場合

自己紹介とお礼

ただいまご紹介にあずかりました、新郎の母、黒沢藤子《くろさわふじこ》でございます。

本日は絶好の行楽日和《こうらくびより》にもかかわらず、息子・亮太《りょうた》と皐月《さつき》さんのためにお集まりいただきまして、本当にありがとうございました。

祝辞《しゅくじ》へのお礼

また、先ほどから心のこもったお祝いのお言葉や、思わず笑みのあふれる余興をご披露いただき、皆様のおかげで忘れられない日となりました。

エピソードや親の思い

本来ならば、夫がご挨拶申し上げるところですが、あいにく病気療養中のため、残念ながらこの場に来ることができませんでした。皆様をご招待しながら出席することができず、深くお詫び申し上げます。夫もいま頃、今日という晴れの日を喜び、ふたりの幸せを祈っていると思います。

亮太は気の強い姉ふたりに囲まれて育ったせいか、昔から物静《ものしず》かで人見

POINT 父親の欠席をお詫びする

父親が欠席する場合、その非礼をお詫びするとともに、父親の思いを語ります。ただし、詳しい病状などは述べません。

言いかえ 天候が悪いときの言いかえ

「冬の寒さの厳しい折にもかかわらず」
「あいにくの小雨模様の天候にもかかわらず」

スピーチTime 約2分

知りのところがあり、いい人を見つけられるのかと内心では案じておりました。「紹介したい女性がいる」と皐月さんを連れてきたときは、驚きと感激の気持ちで思わず涙があふれてきました。

新婦の皐月さんは朗《ほが》らかで太陽のような明るい笑顔が魅力的な女性です。きっとふたりで明るく愛情あふれる家庭を築いてくれると思います。

今後の支援のお願い

とはいえ、まだ半人前のふたりですので、皆様のご支援、ご教示《きょうじ》が必要でございます。今後ともふたりをあたたかくお見守りください。

結びの言葉

つたない挨拶になりましたが、何卒《なにとぞ》ご理解くださいますよう、お願い申し上げます。本日は、誠にありがとうございました。

女性らしくやわらかい口調で

父親のかわりの挨拶をするとはいえ、堅苦しくならないようにします。女性らしい言葉で話すほうが、招待客に共感してもらえます。

話し方アドバイス

① 不在の父親の気持ちを盛りこんで話す
② 難しい言葉ばかりを選ばない

言いかえ　最後に不在の謝罪を入れても

「あとになってしまいましたが、病中の夫より不参《ふさん》のお詫びと皆様へのお礼を託されてまいりました」

アドバイス　息子の話ばかりしない

新郎の母親だからこそ、新婦の話をきちんと取り入れると、スピーチの印象がよくなります。

新郎の父が他界している場合

自己紹介とお礼

本日はご多用《たよう》の中、和麻《かずま》・綾乃《あやの》さんの結婚披露宴にお運びいただきまして、誠にありがとうございました。ご紹介にあずかりました、新郎の母、橘《たちばな》恵美子《えみこ》でございます。和麻の父親が2年前に他界いたしましたので、僭越《せんえつ》ながら私《わたくし》がかわってご挨拶申し上げます。

ふたりはつつがなく、めでたいこの日を迎えることができました。これもふたりをあたたかく見守ってくださったご媒酌人《ばいしゃくにん》の冬月剛《ふゆつきつよし》先生ご夫妻をはじめ、皆様のおかげでございます。心より感謝申し上げます。

新婦の綾乃さんは、夫が天国へ旅立った日以来、元気のなかった私たち家族をいつも気づかってくれるやさしい女性です。夫も生前より綾乃さんのことを「しっかりしていて、きれいな女性だ」とたいそうほめておりま

言いかえ

司会や受付にお礼を言う場合

「司会の冬月さんをはじめ、受付を引き受けてくださいました小川さんには、大変お世話になりましたことを感謝いたします」

POINT

母親が挨拶をする理由を述べる

新郎の母親が両家の代表になった理由をひと言盛りこむことで、疑問をもたれることなくスムーズに進みます。

スピーチTime
約2分

エピソードや親の思い

した。早く主人に報告し、ふたりが無事に夫婦の契《ちぎ》りを交わせたことを、喜び合いたいと思っております。

まだ若いふたりですが、互いを思い合って笑顔あふれる家庭を築いてくれると信じておりますし、夫もそれを望んでいるでしょう。

今後の支援のお願い

皆様もどうか今後もかわらぬご支援をお願い申し上げます。また、高階《たかしな》家のご親族の皆様には、この結婚を機に末永いお付き合いの程、どうぞよろしくお願い申し上げます。

結びの言葉

結びに皆様のご健康とご多幸《たこう》を祈願《きがん》しまして、私の挨拶とさせていただきます。本日は誠にありがとうございました。

言いかえ　亡き夫の思いを代弁して

「夫が今日ここにおりましたらふたりの晴れ姿と皆様のお言葉に、感動していたことと存じます」

NG　雰囲気が暗くならないように

父親が亡くなった経緯や、残されたことによる悲しみや苦労などの話題は、長々と語りません。

他界した父親の気持ちをふまえて

父親の分まで喜びを伝えますが、あくまでも話題の主役は子供たちです。話が父親に偏らないように気をつけましょう。

話し方アドバイス

① 故人のことをしんみりとした口調で語らない
② 生前の父親の気持ちを盛りこむとよい

新郎の父の代役をする場合

自己紹介とお礼

新郎の母、新飼幸江《しんかいゆきえ》でございます。本来であれば夫がご挨拶するところですが、今日というううれしい日に少しお酒がすぎたようなので、かわって私《わたくし》が皆様にひと言、お礼を申し上げます。

本日は遠路をいとわず、新郎・春兎《はると》、新婦・若菜《わかな》さんのためにお集まりいただきまして、厚くお礼申し上げます。ささやかな席でございますが、懐かしいお顔に囲まれて、楽しいひとときをすごせましたことを、心よりうれしく思っております。

息子は梅が満開となり、春の香りがあふれるころに、産声《うぶごえ》を上げました。その日からもう32年、あんなに小さかった春兎に、結婚する日が来ることになるとは、時間の流れの早さに驚くばかりです。

POINT **母親の思いを盛りこんだ内容に**

子供の性格や幼い頃のエピソードを加えると、母親ならではのエピソードになり、心が伝わります。

アドバイス **代役する理由はユーモラスに**

父親が謝辞を嫌がるなどの理由で代役をする場合は、場の雰囲気を壊さない言い方で理由を説明します。

スピーチTime
約2分

エピソードや親の思い

今後の支援のお願い

お詫びと結び

若菜さんはたいへん料理上手な方《かた》で、食べることが大好きな息子にとって理想の女性なのでしょう。新郎の母親としましては、このようにしっかり者の若菜さんがお嫁に来てくれてうれしい限りです。

結婚という新たな転機を迎え、春兎がこれまで以上に精進《しょうじん》し、一家の大黒柱として立派に成長してくれることを願っています。

ふたりはこれから先、何かと迷うことも多くあるかと存じます。そうしたときには、アドバイスをいただけましたら幸いでございます。

慣れない宴《うたげ》の席で、何かと至らないところがあったことをお詫び申し上げます。本日は誠にありがとうございました。

言いかえ　内助の功を期待する内容に

「息子にとっての一番の理解者として、春兎を支《ささ》えていっていただけたらと思います」

NG　新郎側であっても失礼に

「もらう」という表現は上から物を言っている印象を与えるので「来る」、「入る」などを使います。

父親が担当しない理由を軽くユーモラスに語る

父親があがり症などといったちょっとした理由で代役するときは、その理由をユーモラスに語ることで受け入れられやすくなります。

話し方アドバイス

① 明るい声でゆっくりと話す
② 子どもの誕生の話は、当時のことを思い出しながら

新婦の父が他界している場合

自己紹介とお礼

本日は観月隼人《みづきはやと》さんと長石鈴《ながいしりん》の門出に、かくも盛大にお集まりいただき、誠にありがとうございました。ご紹介にあずかりました新婦の母、長石志津香《しづか》でございます。本来ならば私《わたくし》がご挨拶する立場ではございませんが、女手ひとつで育てた娘を嫁がせるということで、新郎の隼人さんの配慮により、ご挨拶の機会をいただきました。

ご媒酌人《ばいしゃくにん》の赤司真一《あかししんいち》様からのお話にもありましたように、主人の昌美《まさみ》は、娘がまだ12歳のころに事故のため、他界いたしました。それ以来、母ひとり、子ひとりで、鈴にはずいぶん苦労をかけました。今日こうして、たくさんの友人に囲まれ、隼人さんの隣で幸せいっぱいな鈴の姿を見ることができ、喜びと感動で胸が詰まる思いです。

アドバイス　新郎新婦の顔を見ながら

話しかける場面を盛りこむのも効果的。そのときは、それぞの顔をしっかり見てやさしく語りかけます。

POINT　理由とともにひと言加える

新郎のおかげで挨拶ができることを付け足すと、感謝の気持ちや新郎のやさしさが、招待客に伝わります。

スピーチTime
約2分

結びの言葉

エピソードや親の思い

隼人さん、鈴は母親の目から見ても心やさしい女性へと成長してくれた自慢の娘です。これからはどんな困難にぶつかろうとも、力を合わせて乗り越えていってください。

鈴、いままで私を支《ささ》えてくれてありがとう。これからはしっかり彼を支えてください。やさしくて実直な隼人さんと、末永く仲よく暮らしていける家庭をつくれることを、天国のお父さんと祈ってます。

ご臨席《りんせき》の皆様、本日は至らぬ点もあったかと思いますが、これからも末永く、ふたりにお力添えをお願いいたします。

本日は本当に、ありがとうございました。

POINT 最後の言葉は心をこめて

最後のお礼はゆっくり述べます。「本当に」を少し強調して言い、そのあとに一拍おくのがコツです。

NG べたぼめは厳禁

ひとり親の分、わが子への言葉が多くなっても受け入れられます。しかし、ほめすぎはひんしゅくをかいます。

女手ひとつで育てたからこその気持ちを表現

難しい言葉を多用せずに、感謝や喜びなど胸にある思いを素直に表現したほうが、娘に思いが伝わり、感動をよびます。

話し方アドバイス

① 新郎へ伝える言葉はやさしい口調で話す

② 最後の挨拶は両家の代表としてしっかりと

新郎のおじの謝辞

自己紹介とお礼

新郎のおじにあたります棚瀬邦彦《たなせくにひこ》でございます。僭越《せんえつ》ながら、新郎の父にかわり、ひと言ご挨拶申し上げます。本日は新郎・栄《ほまれ》、新婦・莉夏《りか》さんの結婚披露宴にお運びいただきまして、誠にありがとうございます。

エピソードや親の思い

皆様ご存じの通り、栄の父親である邦恭《くにやす》は15年前に天に召《め》されました。それ以来、母親である美枝《みえ》さんが兄の分まで甘やかさずに、厳しくしつけていたこともあり、おじの私《わたくし》がいうのも何ですが、母親思いの頼もしい青年に育ってくれました。また、莉夏さんのように、美しく聡明《そうめい》な女性にお嫁に来ていただけることに、天国の兄も祝杯をあげていることでしょう。

支援のお願いと結び

職場やご友人の皆様には、このふたりを末永く見守ってくださいますようお願い申し上げて、お礼の言葉とさせていただきます。

アドバイス

謝辞の担当を務めた経緯を説明

おじが代表して挨拶するケースは少ないので、挨拶をするいきさつをひと言入れると余計な誤解を与えません。

新婦のことについてもひと言ふれる

おじであっても両家の代表です。詳しく知らない場合でも相手を話題にあげます。

スピーチTime
約1分

新郎の兄の謝辞

自己紹介とお礼

ただいまご紹介にあずかりました新郎の兄の西原文矢《にしはらふみや》でございます。本日はふたりのためにお越しくださいまして、ありがとうございます。

祝辞《しゅくじ》へのお礼

皆様からの心のこもったご祝辞《しゅくじ》ならびに激励《げきれい》のお言葉をいただきまして、心より感謝しております。また、鬼籍《きせき》に入った両親にかわり、本日まで私《わたくし》たち兄弟を育ててくれたおじとおばには、感謝の思いでいっぱいです。

エピソードや親の思い

弟の塔矢《とうや》はいわゆるいたずらっ子で、怒ってはケンカをしてばかりでした。しかし、いまとなってはよい思い出です。悪ガキだった弟もいまは一人前の男です。両親も立派な姿を見て、誇りに思っていることでしょう。

支援のお願いと結び

まだ若いふたりでございますので、皆様には今後ともかわらぬお力添えをお願いいたしまして、お礼のご挨拶とさせていただきます。

POINT 今までの感謝を改めて伝える

お世話になった感謝の気持ちを改めて言葉にすることで、感動的なものに。おじ・おばの目を見て述べましょう。

難しい言葉を使いすぎない

かしこまった敬語を使いすぎないことで、兄弟らしいあたたかいスピーチになります。

スピーチTime
約1分

監修者紹介

岩下宣子（いわしたのりこ）

NPOマナー教育サポート協会理事長。現代礼法研究所主宰。公益財団法人日本電信電話ユーザ協会もしもし検定専門委員。共立女子短期大学卒業。全日本作法会の故小笠原清信氏のもとで学ぶ。1984年に現代礼法研究所を設立。マナーデザイナーとして、企業、学校、公共団体などで指導や研修、講演などで活躍中。著書・監修に『作法が身につく　しきたりがわかる冠婚葬祭マナーの便利帳』（高橋書店）、『失敗しない！　新郎新婦のあいさつ&手紙』（日本文芸社）、『結婚準備オールガイド』（新星出版社）などがある。

STAFF

装丁　GRiD（釜内由紀江）
本文デザイン　鈴木ユカ
イラスト　森千夏
編集・作成　バブーン株式会社
（古里文香、長縄智恵、茂木理佳、矢作美和）
画像協力　Fotolia　http://jp.fotolia.com/
© SyuuuuN/ paylessimages/ naka / timonko / photovision100 / ttbear / yumehana-Fotolia.com

子《こ》どもの結婚式《けっこんしき》
親《おや》の心得《こころえ》と挨拶《あいさつ》

2013年 3月25日　第1刷発行
2020年 2月20日　第9刷発行

監修者　岩下宣子《いわしたのりこ》
発行者　吉田芳史
CTP製版　有限会社誠宏プロセス
印刷所　株式会社 光邦
製本所　株式会社 光邦
発行所　株式会社 日本文芸社
〒135-0001　東京都江東区毛利2-10-18　OCMビル
TEL 03-5638-1660（代表）

Printed in Japan　112130301-112200205 Ⓝ 09　(050004)
ISBN978-4-537-21096-5
URL https://www.nihonbungeisha.co.jp/

編集担当　吉村